UNA CRIMINÓLOGA MEXICANA

Familias en duelo por víctimas de homicidio

UNA CRIMINÓLOGA MEXICANA

Familias en duelo por víctimas de homicidio

Alejandra Guadalupe Contreras Rodríguez

ÍNDICE

Índice de QR

Agradecimientos

Agradezco infinitamente al vasto universo por permitirme estar aquí en este globo terráqueo, por el amor incondicional brindado por mis padres y hermanos. También deseo extender mi gratitud hacia todos aquellos seres maravillosos con los cuales tuve la oportunidad de cruzarme en mi camino. Cada individuo que entró y salió de mi viaje vital, ya sea en lo personal, laboral o existencial, me regaló una invaluable sabiduría. Cada uno de ellos despertó en mí una amplia gama de emociones que dieron el matiz exacto y el sentido preciso a mi vida. He comprendido la espontaneidad e imprevisibilidad que caracteriza a cada situación que experimentamos.

Es importante recordar que todo lo que vivimos sigue un ciclo que se abre y se cierra. Esta comprensión me ha llevado a valorar la fugacidad de la vida y a reconocer la importancia de celebrar nuestra propia existencia. En lugar de depositar nuestras expectativas en otras personas, es fundamental para nuestro bienestar entender que no podemos controlar a los demás. Nuestro objetivo más grande y elevado como seres humanos es compartir nuestra luz, contribuyendo de manera positiva al bienestar general en nuestro planeta, la Tierra.

Quiero concluir expresando una vez más mi sincero agradecimiento. Gracias, gracias, gracias.

Acerca del autor

Toda gran idea de transformación se inició en una mente apasionada y disciplinada que insistió, persistió y resistió hasta hacerlo funcionar.

—Alejandra Contreras,
Criminóloga

Ser humano, apasionada, valiente, disciplinada, atrevida y revolucionaria, con alta empatía hacia los seres vivos (humanos, animales y plantas), persistente e insistente, auténtica, determinada e incansable activista en temas criminológicos y expansión de la consciencia.

Capítulo 1
Mi anhelado ingreso

Introducción

En este texto se relata el extenso proceso que emprendí para lograr acceder a la Fiscalía General del Estado de Jalisco (FGE), actualmente conocida como Fiscalía del Estado de Jalisco (FE). Aquí plasmaré algunos de mis recuerdos, intentando mostrar el camino que recorrí para alcanzar el anhelado sueño de servir al público como Policía Investigador (P.I.) en el área de Homicidios Intencionales, siendo la convocatoria el único medio de ingreso disponible.

Todo este proceso implicó la recopilación de numerosos documentos, la realización de múltiples exámenes y la ejecución de técnicas espirituales y metafísicas, todas centradas en lograr mi incorporación a esta institución y área específica.

Mi misión terrenal como ser humano

Es dejar una impresión positiva en mis semejantes a través de pequeños gestos amables, como dar los buenos días o mostrar paciencia al permitir que alguien cruce la calle, ya sea un peatón o un conductor. También encuentro gratificante sonreír a otros, especialmente a mí misma frente al espejo, como un modo efectivo de comenzar mis mañanas con afirmaciones positivas.

Dentro de mi apasionada vocación como criminóloga, he decidido enmascarar mi profesión y llevar a cabo mi labor diaria desde una perspectiva de amor, humanidad, empatía, respeto y dignidad. Esta elección llena mi ser de satisfacción.

¿Como canalicé la energía para conseguir un resultado favorable?

Corría el inicio del año 2016 cuando me comprometí a dar los primeros pasos. Solicité ayuda a la Energía Divinamente Guiada (EDG) para buscar imágenes en la web que se alinearan con mi «yo del futuro» y mi nuevo estilo de vida. Llenándome de entusiasmo, me dirigí a mi rincón creativo, donde imprimí y recorté con dedicación para dar forma a un asombroso mural visual. Con esto, me refiero a la reunión de múltiples fotografías sobre una gran cartulina, todas relacionadas con la creación de las situaciones que deseaba experimentar en un futuro cercano. Utilizando mis afirmaciones y decretos, visualicé los logros que anhelaba, dando vida a mi «yo del futuro».

Mi mural visual quedó de la siguiente manera: la imagen completa muestra inicialmente 11 fotografías de tamaños variados. Se puede apreciar una hoja tamaño carta, arrancada de un cuaderno, con diversas letras y frases escritas a mano. Entre ellas, destaca mi nombre completo: Alejandra Guadalupe Contreras Rodríguez. En el siguiente renglón se leen las palabras «exámenes de control y confianza», seguidas de horarios y fechas para las evaluaciones que estaba por afrontar. A continuación, se encuentra la poderosa afirmación positiva «aprobado», relacionada con los resultados exitosos de las pruebas. En otro apartado, un párrafo destacado proclama: «Todos los exámenes realizados por la aspirante al puesto de policía investigador han sido aprobados exitosamente por la señorita Alejandra

Guadalupe Contreras Rodríguez, quien ha obtenido el empleo. Felicitaciones. Gracias. Ya está hecho». Este fue un proceso que demandó varios meses y requirió perseverancia para llevarlo a cabo. En total, dediqué 17 meses a la visualización y el esfuerzo continuo.

Básicamente, lo que estoy haciendo es visualizar mi futuro yo en un enfoque afirmativo, viendo el resultado deseado. En las siguientes fotografías, se presenta un retrato en un orden consecutivo, donde varias personas están dispuestas en diferentes alturas, simbolizando mi formación. Esto hace referencia a dónde me veo desarrollándome: en el Instituto de Formación y Profesionalización. En otra imagen, se muestra un aula de clases. En ella, un grupo de estudiantes, incluyéndome a mí, está atentamente participando en clases y adquiriendo las técnicas necesarias para nuestra capacitación.

Posteriormente, se presenta una fotografía que retrata una mesa larga con varias personas en el presídium. En un costado, he añadido la leyenda escrita: «Saludando al fiscal general en mi ceremonia de graduación», ya que este logro está en camino. La imagen siguiente muestra las instalaciones donde trabajaré: un edificio donde transitaré constantemente entre pasillos, personas y actividades, acoplándome a mi nuevo estilo de vida.

En otra fotografía, se exhibe un gafete con mi nombre completo y fotografía superpuestos. A continuación, se presenta una imagen de una camioneta pick-up destinada para mi labor, sin embargo, más allá del vehículo, esta imagen evoca un cúmulo de emociones. Visualizo cómo me sentiré al abordarla, la excitación al escuchar los códigos sonoros y ver las luces destellantes. Este proceso es clave, ya que una herramienta efectiva para materializar nuestros deseos es sentir emociones positivas al observar estas imágenes.

En la imagen siguiente, se representa un escenario de crimen, haciendo referencia a la unidad de homicidios de la Zona Metropolitana de Guadalajara, donde aspiro a trabajar. De hecho, se encuentran tres líneas amarillas con la advertencia: «No cruzar escena del crimen». La repetición constante de la frase «ahora tengo un trabajo satisfactorio, bien remunerado, divertido y perfecto para mí» refuerza mi confianza en lograrlo.

Además de este mural visual lleno de fotografías y palabras, practico reiteradamente mi desenvolvimiento en ese entorno. Realizo ejercicios de ensayo mental para perfeccionar mi actuación en la situación deseada. Para complementar, he creado grabaciones con afirmaciones poderosas, como: «La aspirante al puesto de policía investigador, Alejandra Guadalupe Contreras Rodríguez, ha superado exitosamente todos los exámenes y ha sido seleccionada para unirse al equipo de Homicidios Intencionales de la Fiscalía General del Estado de Jalisco. Felicidades».

Muro visual

Muro visual para ingresar como policía de investigación en el área de homicidios intencionales

Fue un trabajo arduo que duró un año y cinco meses en materializarse. Durante este tiempo, día y noche, mantuve mi energía ensayando persistentemente en mis futuras labores y estilo de vida. No dejé hueco a nada, me enfoqué en todos los aspectos. Estaba creando mi propio futuro, por lo que estaba atenta a cada detalle. Lo hice de manera apasionante, ya que sabía que iba a vivir de ello. Para reforzar mi compromiso, utilicé mi poderosa voz y mis convincentes palabras, así como mi energética escritura, para decretar, afirmar y declarar lo que vería en mi futuro cercano. Tomé mi grabadora de audio y comencé a grabar con mi voz lo que experimentaría y cómo sería. De hecho, lo más poderoso es manifestarlo y decretarlo con nuestra voz única. Quedé fascinada al escucharme narrar todo mi proceso, pues al hacerlo, podía sentir las emociones en cada palabra. Esta conexión emocional es la forma precisa de atraer lo que uno desea. Quiero hacer hincapié en que todo lo que compartiré a continuación primero existió en mi mente, y muchos meses después, se materializó casi con exactitud. Hago énfasis en que lo que crees lo creas. Aquí está el registro escrito de mi narración en audio:

Hoy es mi primer día de presentación en el Instituto de Formación y Profesionalización. Al salir de casa y subir a mi hermoso vehículo March, de color azul turquesa y con sus rines negros tan preciosos, siento una emoción de alegría incontenible. En todo momento estoy sonriendo. Me miro en el retrovisor del auto y me siento radiante, rebosante de júbilo. Es un momento espectacular. Mi corazón late descontroladamente, la euforia me embarga y no puedo dejar de sonreír de oreja a oreja. Observo a mi alrededor y veo una multitud de automóviles. Algunos conductores lucen cansados, otros están fastidiados, pero en mi rostro se refleja una sonrisa tan amplia que parece llegar hasta el asiento del copiloto. Experimento un gozo indescriptible. Incluso las personas con las que cruzo miradas se contagian de mi alegría y me devuelven el gesto. Cada momento del trayecto está lleno de emociones bellas, y mi estómago y corazón son testigos de ello. Al llegar a las instalaciones de mi objetivo, estaciono mi carro, bajo de él y mi rostro sigue iluminado por una gran sonrisa.

Al llegar a la puerta, la persona a cargo me pregunta hacia dónde me dirijo. De inmediato le informo que es mi primer día de capacitación como policía investigador. Me pide mi nombre, «Alejandra Guadalupe Contreras Rodríguez». Tras consultar su bitácora, anuncia que ya estoy registrada en la lista y me indica que me registre de todos modos. Luego, me dirige hacia el patio cercano al área de reclutamiento. Me siento magnífica mientras camino por el lugar, esta vez con una sensación distinta a las anteriores. Hoy sé que mi formación y capacitación serán fundamentales para desempeñar un excelente trabajo en mi campo. Observo a algunas personas en el patio. No estoy segura si serán mis compañeros de clase o si pertenecen a otros grupos. Miro a mi alrededor y siento la brisa fresca que llena el ambiente. A pesar de que es mi primer día y sé que habrá desafíos, tengo la certeza de que Dios está a mi lado con su poder infinito. Puedo sentir su abundancia y su inmenso poder. Solo necesito pedirlo y no hay razón para temer.

Conforme pasa el tiempo, más personas se unen a nosotros. Consulto mi reloj y veo que se acerca la hora citada: las 07:00 am. Identifico algunas figuras de autoridad, asumiendo que serán nuestros instructores para el curso. Hago un recuento visual y somos un total de 24 personas. Finalmente, llega el momento en que nos ordenan de manera intimidante que los policías investigadores que están comenzando el curso formen dos filas: una de mujeres y otra de hombres según su estatura. Notando esto, me ubico delante de otras compañeras debido a mi menor estatura.

Una vez completada esta formación, nos indican que entremos al aula 4 en el piso superior y nos acomodemos siguiendo el mismo orden. Por lo tanto, ocupo un lugar aproximadamente a dos metros desde la entrada. Mi vista se dirige en diagonal hacia el pizarrón. Tengo la suerte de estar en la parte delantera para no perder ningún detalle de la presentación. Estoy lista para hacer todas las anotaciones necesarias. Una vez que todos mis compañeros están en su lugar, entran dos instructores y comienzan a explicarnos cómo debemos realizar las actividades y cómo debemos dirigirnos a ellos y a los demás. Nos detallan las reglas a seguir y cómo proceder si no se cumplen. Siempre he sido respetuosa de las instrucciones, por lo que me siento tranquila y emocionada por lo que está por venir. Espero ansiosamente aprender y absorber todos los conocimientos que se nos *brinden. Cada día representa una oportunidad para descubrir cosas nuevas e interesantes.*

Esos días se convierten en tres meses, mi fuerza de voluntad no disminuye, al contrario, me siento más enérgica, con un gran ímpetu. Mis emociones siguen nítidas, puras, positivas y entusiastas a pesar del paso del tiempo. Me siento magnífica, finalmente alcanzando la plenitud que anhelaba desde hace tiempo. Hoy nos han dado la noticia de que mañana tendrá lugar nuestra ceremonia de graduación. Seremos oficialmente policías investigadores. Siento un regocijo inmenso, a pesar de los sacrificios que me ha costado llegar hasta aquí. He superado los obstáculos y esto deja un sabor de satisfacción en mi boca. Permanecí perseverante y logré hacerlo bien. El día de la ceremonia es muy especial, es la culminación de todos mis esfuerzos diarios, desde que suena mi despertador hasta el momento en que agradezco a Dios por el día que termina al acostarme.

Me dieron un reconocimiento por la mejor calificación de mi grupo

Hoy es el día esperado. Desde que me levanté, siento una vitalidad y alegría permanentes. Me siento afortunada y bendecida, eso está más que claro. Me dirijo al Instituto de Formación y Profesionalización en mi precioso March azul turquesa, que agradezco me ha llevado y traído sin quejas. Hoy marcará el fin de esta etapa, aunque eso no significa que no seguiré actualizándome en futuros cursos aquí mismo. Pero hoy es la ceremonia y debemos celebrarlo.

En el segundo patio, uno de los más grandes, ya está instalado un gran toldo de vinilo blanco. Debajo, una mesa rectangular muy larga está cubierta con un mantel blanco, mientras que otro mantel más pequeño en color tinto crea un elegante contraste. Varios ramos de flores blancas con toques de verde están dispuestos al pie de la mesa, llenando el aire con un delicioso aroma y creando una vista hermosa. Ocho sillas, hasta ahora vacías, esperan. Detrás se lee: «Ceremonia de Graduación de Policías Investigadores, Fiscalía General del Estado de Jalisco». En contraposición, nuestras sillas y las de algunos invitados están dispuestas. Los miembros del presidium empiezan a tomar asiento. Entre ellos, nuestro fiscal general Eduardo Almaguer, la fiscal central Marisela Gómez Cobos, el fiscal regional Fausto Mancilla, y otros más: el Comisario de Reinserción Social Antonio Zamudio, el Comisario de Seguridad Pública Alejandro Velázquez, y otros. Sin más preámbulos, llega el momento del discurso.

Finalmente, soy la cuarta persona en la lista para recibir mi reconocimiento y mi credencial de personal operativo. Saludo amablemente a cada uno, mostrando la sonrisa por la que me conocen, ganándome el sobrenombre de «risueña». Las emociones que me inundan son indescriptibles, todas ellas puras y positivas, creando una sensación maravillosa.

Al llegar al fiscal general, le expreso que es un gran placer conocerlo en persona. Saludo a la fiscal central con una amplia sonrisa. Todos en el presidium parecen fascinados por mi presencia. Regreso a mi asiento y continúo escuchando atentamente los nombres de mis compañeros recién graduados.

En mi mente, agradezco a Dios por haber materializado todo tal como lo había pensado. Las fotos siguen capturando momentos. Ahora, todos estamos en grupo en la mesa del presidium. Estoy llena de felicidad por este logro adicional. Mañana será el gran día para poner en práctica los conocimientos y enseñanzas de nuestros instructores, así como los que he adquirido de otras formas y de manera autodidacta. Qué manera grandiosa de comenzar este 2017, con nuevas personas, experiencias y situaciones.

Graduación Generación 23 Fiscalía General del Estado de Jalisco.

TO DE FORMACION Y PROFESIO
Generación 23   policía investigadora

POLICIA INVESTIGADOR
Generación 23

Desfilando Año 2017 --cuerpos de seguridad--

Al día siguiente, llegué al edificio ubicado en la calle 14, número 2567, vistiendo un saco color beige sobre una camisa y pantalón negros, combinados con zapatos beige, generando un conjunto elegante. Al llegar a la puerta, me presenté educadamente. Me preguntaron en qué podían ayudarme, a lo que respondí que era mi primer día laboral. Presenté mi oficio y me permitieron el ingreso de inmediato. Guiados por el pasillo, llegamos al área designada. En la puerta, noté un letrero claro que decía «homicidios dolosos». Mientras me disponía a traspasar la puerta, experimenté un ligero

nerviosismo, pero no se vio reflejado en mi seguridad. Varias personas trabajaban en escritorios con computadoras. Mi acompañante interrumpió las actividades para presentarme. Observé sonrisas de bienvenida en los rostros de quienes me rodeaban. Mi acompañante pronunció mi nombre completo en voz alta, mientras levantaba mi mano y sonreía. En respuesta, los demás hicieron un gesto similar y me saludaron en el aire, además de miradas de aprobación. Era un momento maravilloso. Un compañero me asignó como guía para el día, acompañándome en mi primer servicio.

En menos de quince minutos, se reportó una incidencia. Salimos de las instalaciones y nos dirigimos hacia el vehículo oficial, una camioneta blanca de doble cabina con el escudo de la fiscalía general de Jalisco. Otros letreros identificaban la comisaría de investigación, los puestos de socorro y el marcado «J-24», acompañados por los códigos luminosos. Al abrir la puerta del copiloto, experimenté una oleada de adrenalina y emoción, algo nuevo y mágico. Me acomodé, abroché el cinturón y partimos hacia el lugar de los hechos. A nuestra llegada, ya se encontraba acordonado con cinta amarilla. Cada tarea relacionada con mi papel como policía investigador fluía de manera natural y precisa, sin esfuerzo. Mi entusiasmo se mezclaba con un sentido de iluminación.

En marcha rumbo a servicio de apoyo a otros compañeros….

Compañeros y Equipo Laboral Fiscalía General del Estado de Jalisco.

Practicando Tiro en Fiscalía General del Estado de Jalisco

Mi compañero comenzó a presentarse y describir su función a los presentes, especialmente a otros policías, primeros respondientes y peritos. Yo estaba atenta, irradiando alegría con discreción para evitar malentendidos sobre mi respeto. Me sentía afortunada por tener un trabajo gratificante, bien remunerado y perfecto para mí. A medida que pasaban los días, ganaba experiencia enriquecedora, que mejoraba la eficacia y calidad de mis labores. Mantenía mi dedicación y humildad. Algunos días habían transcurrido, y hoy sería diferente ya que estaría sola en un servicio. Tenía preparado un discurso para mi llegada a cada escena. Decía así:

«Hola, ¿cómo están? Soy Alejandra Contreras, y tengo el honor de liderar esta investigación en calidad de policía investigador. ¿Con quién tengo el placer de hablar? Será un placer vernos a menudo, ya que ambos trabajamos en el sistema de procuración y administración de justicia. Por ende, aspiro a una colaboración armoniosa y eficiente. Para lograrlo, la organización y la eficiencia en la investigación policial y criminalística son fundamentales, ya que constituyen el eje central del juicio oral. Nuestra metodología rigurosa y precisa será crucial para instaurar la eficiencia en nuestro caso.

»Si llegamos a la etapa de juicio oral, seremos testigos clave del ministerio público, respaldando la teoría del caso de la parte acusadora. Mi función consiste en realizar investigaciones en campo de manera profesional, técnica y científica. Coordinaré a los peritos involucrados en la escena del delito. Todo lo que ocurra en el lugar será mi responsabilidad y afectará la actuación del ministerio público. Por lo tanto, supervisaré y dirigiré cada paso, desde la preservación y fijación hasta la ubicación, recolección y embalaje de indicios.

»El éxito o fracaso de la investigación depende de un buen trabajo en la escena del delito. Si no se protege adecuadamente y no se procesa de manera correcta, los indicios podrían destruirse o contaminarse, perdiendo su validez como pruebas en el juicio oral.»

Así comenzó este viaje hacia la entrada a la Fiscalía, en el cual mi propósito como individuo se entrelazó con mi emocionante carrera en criminología en pos de un bienestar amplio. A lo largo del camino, se unieron personas que contribuyeron al plan divino en la Tierra para hacerlo tangible y útil para los usuarios.

¿Existe un área específica para los criminólogos en la fiscalía?

Lamentablemente, hasta el momento, no.

Las acciones en el proceso de nombramiento del policía investigador en el delito de homicidio intencional comprenden:

- Acudir al lugar de los hechos o del hallazgo y llevar a cabo actividades de investigación, las cuales deben ser incorporadas en la carpeta de investigación.

- Realizar múltiples actos de investigación y de seguimiento complementarios al lugar de los hechos.

- Realizar turnos de guardia laboral de 24 horas en la semana (yendo al lugar de los hechos o de hallazgo).

- Llevar a cabo entrevistas y procedimientos de identificación oficial de la persona fallecida o víctima del homicidio (el tema principal de este texto).

- Efectuar la detención del perpetrador en caso de flagrancia o cuando exista una orden de aprehensión.

- Brindar apoyo a los colegas de otros grupos en sus diligencias.

- Llevar a cabo operativos adicionales en áreas diversas, incluso si no están relacionadas directamente con la investigación.

- En ocasiones, asumir responsabilidades de guardia que implican monitorear la entrada (por ejemplo, en situaciones como las actuales de COVID-19), realizando controles de temperatura y aplicando protocolos, a pesar de no estar directamente relacionadas con nuestra misión de investigación.

- Comparecer en juicio oral cuando seamos convocados por el juez para actuar como testigos y aclarar los detalles de las actividades de investigación llevadas a cabo en una determinada carpeta de investigación. (Hasta la fecha de 2023, he tenido que acudir a pesar de ya no trabajar para el Estado).

¿Por qué entré a la fiscalía del Estado de Jalisco?

Porque deseaba profundamente ejercer mi profesión con la firme convicción de que tenía mucho que aprender del sistema público y, aún más importante, necesitaba absorber conocimientos relacionados con mis intereses profesionales. Además, era ventajoso que no se requería experiencia previa. Lo único que solicitaban era tener una licenciatura concluida, sin importar cuál licenciatura fuese, siempre y cuando estuvieras debidamente titulado y hubieras superado los exámenes de control y confianza que fueran necesarios. Luego, debías completar todo el proceso con la renombrada academia de policía para recibir capacitación.

Cuando comencé mis labores en la fiscalía en mayo de 2017, fui asignada al área de Investigación de Homicidios intencionales, con el rol de policía investigador. Siempre estuve atenta y receptiva, utilizando mi antena criminológica para identificar oportunidades dentro de las funciones que siempre había deseado realizar. Visualicé estar en ese lugar, adoptando este estilo de vida, y con el paso de los días descubrí que el tema de las víctimas indirectas en el delito de homicidio intencional (VIDHI) era comúnmente pasado por alto, lo que resultaba en una revictimización secundaria.

Es importante aclarar que hay diversas funciones que se realizan como servidor público con el nombramiento de policía investigador. En este texto, mi enfoque principal es la entrevista de identificación oficial de la persona asesinada.

Compartiré mi experiencia y mi percepción de las actividades como policía investigador en los inicios del mes de mayo del 2017. Recuerdo que mi hora de entrada era a las 8:00 horas y no teníamos un horario de salida establecido. Durante los días de guardia, la regla era permanecer 24 horas en la comandancia y estar listos para cualquier servicio al que se requiriera asistir (pero esas 24 horas se podían extender impredeciblemente hasta 48 horas). Podíamos recibir un aviso por radio sobre un servicio de homicidio, o también podían asignarnos para realizar la entrevista de identificación oficial de la persona asesinada. Esta tarea era exclusiva del grupo de guardia de ese día. Dado que éramos múltiples grupos de trabajo, se rotaba la responsabilidad de llevar a cabo estas entrevistas. Mientras algunos cubrían un servicio de homicidio, un solo policía de investigación del grupo se dedicaba a las entrevistas con las víctimas indirectas. Con el tiempo, observé que a muchos de mis compañeros no les agradaba realizar esta entrevista en particular, a pesar de que podía proporcionar información valiosa relacionada con el familiar asesinado. Aun así, era una tarea que debía completarse debido a su carácter oficial. Algunos compañeros, sin darse cuenta, revictimizaban a las VIDHI, pero hubo unos pocos que demostraron paciencia, tolerancia y empatía en la realización de estas entrevistas. Para llevar a cabo la entrevista, buscábamos un espacio adecuado. ¿Dónde? Donde hubiera espacio, tanto ya fuera en la sala de agencias del Ministerio Público o en la comandancia de homicidios intencionales. La verdadera finalidad de la entrevista de identificación oficial era recopilar datos relevantes. Aunque en conjunto a menudo parecía una entrevista desorganizada, debido a que cada quien la realizaba a su manera y carecía de dignidad al tratar a los dolientes, la implementación del proyecto pensado en las VIDHI, y puesto en marcha en diciembre de 2018, permitió estructurar de manera eficiente un proceso de recolección de datos para complementar las carpetas de investigación y, lo que es aún más importante y significativo, beneficiar a las víctimas.

Conforme pasaban los días en la comandancia de homicidios, mi antena criminológica detectaba repetidamente que los familiares entrevistados eran revictimizados debido a un trato deficiente, insensible y carente de empatía por parte de algunos servidores públicos. Estas actuaciones contribuían a que los familiares, ya en proceso de duelo, fueran nuevamente victimizados por quienes deberían apoyarlos en esos momentos, lo que se conoce como victimización secundaria desde una perspectiva criminológica.

Con el tiempo, me sentía agradecida por el constante aprendizaje que experimentaba en mi labor. Sentía una gran fortuna al recibir un salario por desempeñar mis tareas, lo cual consideraba una bendición. Viví en carne propia el dolor de muchas familias y mi nivel de empatía me permitió conectarme profundamente con cada familiar al que brindé atención. Siempre me esforcé por darles lo mejor de mí en ese difícil proceso.

Rumbo a entrevista

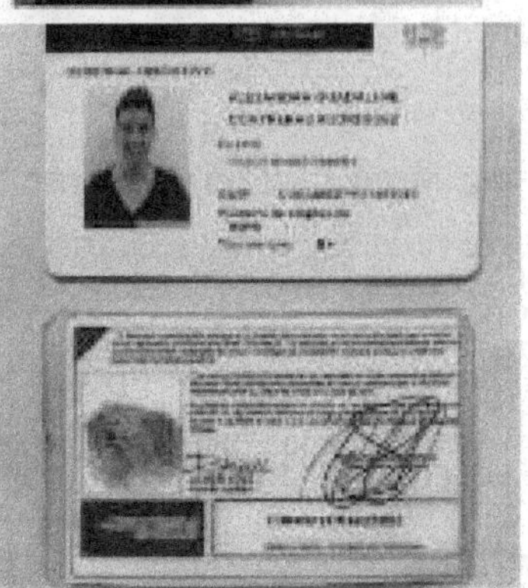

La famosa e inolvidable comandancia de Homicidios Intencionales…. Fiscalía del Estado de Jalisco.

¿Cuáles son los primeros pasos en la inclusión al criminólogo?

Lo primero fue promover la atención esencial hacia las VIDHI, proyecto que recibió su aprobación el 10 de diciembre del 2018 por parte de la Fiscalía General del Estado de Jalisco y, gracias a mi comandante en curso, Armando Chávez, y nuestro superior en clave operativa J2, Bonifacio Arias, se logró una notable atención y participación de la figura del criminólogo.

Este acontecimiento marcaría el comienzo de una revolución criminológica y podría resultar en una futura incorporación en el artículo 110 del código nacional de procedimientos penales, con relación a la designación de la figura del Asesor jurídico.

En cualquier etapa del procedimiento, las víctimas u ofendidos podrán designar a un Asesor jurídico, el cual deberá ser licenciado en derecho o abogado titulado, quien deberá acreditar su profesión desde el inicio de su intervención mediante cédula profesional. Si la víctima u ofendido no puede designar uno particular, tendrá derecho a uno de oficio.

Cuando la víctima u ofendido perteneciere a un pueblo o comunidad indígena, el Asesor jurídico deberá tener conocimiento de su lengua y cultura y, en caso de que no fuere posible, deberá actuar asistido de un intérprete que tenga dicho conocimiento.

La intervención del Asesor jurídico será para orientar, asesorar o intervenir legalmente en el procedimiento penal en representación de la víctima u ofendido.

En cualquier etapa del procedimiento, las víctimas podrán actuar por sí o a través de su Asesor jurídico, quien sólo promoverá lo que previamente informe a su representado. El Asesor jurídico intervendrá en representación de la víctima u ofendido en igualdad de condiciones que el Defensor.

Aquí es donde debemos llevar a cabo un examen objetivo en relación con los temas de estudio. En la actualidad, se establece que únicamente el abogado puede ejercer como defensor de las víctimas en cualquier etapa del procedimiento. Sin embargo, es en este punto donde el criminólogo podría colaborar de manera conjunta con el abogado. Quiero establecer una comparación constructiva que permita comprender que el criminólogo es el especialista en Victimología, así como también posee un sólido entendimiento de los Derechos Humanos y el Derecho Procesal Penal. Debemos adoptar una actitud más receptiva para lograr resultados favorables y de alta calidad en beneficio de la humanidad. Con esto, estamos en condiciones de revolucionar el enfoque en torno a las víctimas, permitiendo que los expertos ocupen sus roles adecuados.

Tanto el abogado como el criminólogo se complementan perfectamente, formando un dúo dinámico dentro del proceso penal relacionado con las víctimas del delito. Indudablemente, la intervención del abogado es esencial para promover juicios de amparo de acuerdo con la dinámica del delito. Un ejemplo inicial y destacado se presenta cuando las víctimas se ven atrapadas en situaciones de violencia intrafamiliar, donde a menudo es necesario luchar por la custodia de los hijos.

La reforma constitucional del 18 de junio de 2018, en el Artículo 20 apartado C, protege los intereses de las víctimas y establece sus derechos, así como se observa en los Artículos 109 y 110 del Código Nacional de Procedimientos Penales (CNPP). Los criminólogos, sin duda alguna, están capacitados para abordar con gran calidad este ámbito tan frecuentemente pasado por alto: las víctimas del delito. La pasión que me surgió en relación con las víctimas fue el resultado de mi estadía en el área de homicidios, y fue un proceso de 20 meses hasta presentar el proyecto para las VIDHI en el 2018. Durante este tiempo, encontré la misión en la que debía concentrarme más. Mi objetivo era aplicar todos los conocimientos adquiridos a lo largo de mis estudios con numerosos profesores, ponentes y compañeros de clase.

Toda gran idea de transformación se inició en una mente apasionada y disciplinada que insistió, persistió y resistió hasta hacerlo funcionar.

Silueta del fallecido

Capítulo 2
Víctimas indirectas en el delito de homicidio intencional

Prólogo

Este relato, narrado por la autora, aborda fascinantes anécdotas y experiencias contemporáneas ocurridas entre los años 2017 y 2020 en el ámbito del servicio público, específicamente en el área de homicidios intencionales de la Fiscalía del Estado de Jalisco. En esta narración se pone especial énfasis en el nombramiento y la labor de un P.I. (Policía Investigador), describiéndolo de tal manera que los lectores puedan sumergirse en este viaje apasionante. Asimismo, se destaca la transformación positiva que tuvo lugar en la comandancia de homicidios intencionales, marcando los cimientos iniciales para la inclusión del criminólogo mediante la atención efectiva a las VIDHI (víctimas indirectas en el delito de homicidio intencional). La profunda pasión por el ser humano y la criminología se convierten en los elementos fundamentales que dieron vida a esta obra literaria.

Introducción

Esta narración presenta mi recorrido como criminóloga dentro de las instalaciones de la Fiscalía General del Estado de Jalisco, la cual más tarde pasó a denominarse Fiscalía del Estado de Jalisco. Inicié mis labores en mayo de 2017 y concluí debido a una renuncia voluntaria el 29 de diciembre del 2020. Durante este período, desempeñé el cargo de Policía Investigador en el área de investigación de homicidios intencionales, lo que me permitió adentrarme en las múltiples funciones llevadas a cabo en el ámbito del servicio público. Desde esta posición, pude fusionar mi pasión por la criminología con mi misión de vida terrenal, transformándolo a través de mi radar criminológico y sentando los cimientos para la próxima inclusión del criminólogo en el servicio público en México.

Este proyecto, respaldado por la iniciativa «Sonreír es de Valientes», tenía como objetivo contribuir al material preventivo en las VIDHI con la finalidad de no ser revictimizadas, evitando que sean nuevamente afectadas por el mismo sistema que debe velar por la justicia y un trato digno. La mayoría de nosotros hemos experimentado la pérdida de un familiar o amigo, y comprendemos lo doloroso que puede ser. Sin embargo, la diferencia entre una pérdida por causas naturales o enfermedad y una pérdida por homicidio es abismal en términos de la sensación que deja. El acto de quitarle la vida a otra persona, generalmente de manera abrupta, violenta y traumática, crea un dolor profundo y duradero. Esta expresión era comúnmente escuchada en las voces de los padres de familia, quienes lo mencionaban entre lágrimas, lamentos y sollozos. Sus rostros y gestos reflejaban un profundo dolor, angustia y tristeza.

El proceso de acompañamiento para los familiares de las VIDHI

Mi pasión por la criminología siempre me mantuvo alerta y atenta, con el propósito de aportar contenido de calidad para los futuros colegas. Esto se materializó a través de la realización de entrevistas de identificación oficial a las víctimas indirectas o familiares de personas asesinadas. Motivada por mi empatía hacia los demás, decidí presentar un proyecto a mis superiores con el objetivo de centrarme en la prevención de una victimización secundaria en los parientes de los fallecidos (VIDHI). Asimismo, buscaba utilizar este proceso como un medio óptimo para recopilar datos relevantes que pudieran ser integrados adecuadamente en la carpeta de investigación.

Lo que se logró fue una transformación en el área de Homicidios Intencionales, donde se atendió a las víctimas con humanidad, empatía, dignidad y respeto. Esta aproximación fue especialmente significativa para aquellos usuarios que estaban atravesando la dolorosa situación de haber perdido a un familiar de manera repentina y violenta.

PROYECTO VIDHI 2018

Durante mi turno de guardia laboral, sabía que todo lo que aconteciera sería sumamente interesante. Cada conexión que estableciera con las personas, sus historias y emociones, cada contexto en el que estuviera serían verdaderamente enriquecedores. A lo largo de mi trayectoria ejerciendo mis labores, tuve el privilegio de aprender lecciones valiosas y vivir experiencias fascinantes. Además, me consideraba afortunada y bendecida, ya que recibía una compensación económica por ello. Durante esta etapa, tuve la oportunidad de interactuar con numerosas personas, conocer sus historias y adentrarme en sus emociones más intensas. La mayoría de las veces los familiares compartieron muy a profundidad y detalladamente sus relatos sobre la pérdida de sus seres queridos, llegando a las incontenibles lágrimas, y en esos momentos, con empatía y cariño, les brindé contención emocional. Siempre me esforzaba por ofrecerles palabras de aliento, comprensión y apoyo, buscando transmitirles una experiencia agradable y reconfortante, aunque fuese momentánea, con el propósito de aliviar en cierta medida su dolor y facilitar su paso por el proceso. Uno de los gestos que caracterizaba mi atención era incluir en una pequeña bolsa de plástico cuatro elementos:

1. Un mensaje impreso en papel con una reflexión titulada «El mejor viaje».

2. Un mensaje impreso en papel con un versículo de la Biblia.

3. Un mensaje impreso en papel que contenía el número de carpeta de investigación correspondiente a su proceso, junto con la dirección de las Agencias del Ministerio Público y una referencia al artículo 109 del CNPP, que ampara sus derechos como víctimas.

4. Un delicioso caramelo.

A través de estos detalles, me esforzaba por brindar un servicio de calidad y calidez, con el objetivo de hacer que su experiencia fuera lo más confortable posible.

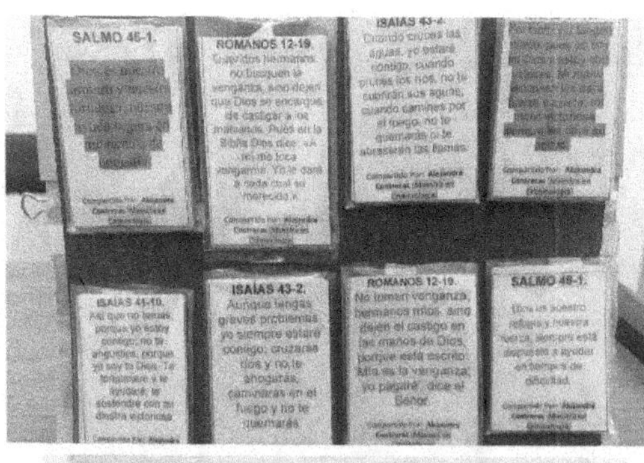

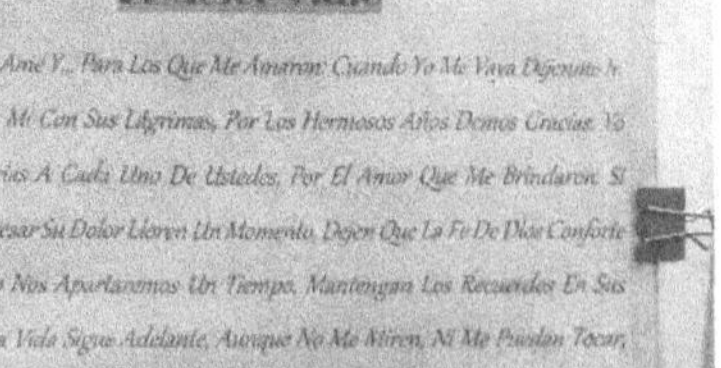

Mensajes con los que buscaba darle alivió a los dolientes VIDHI

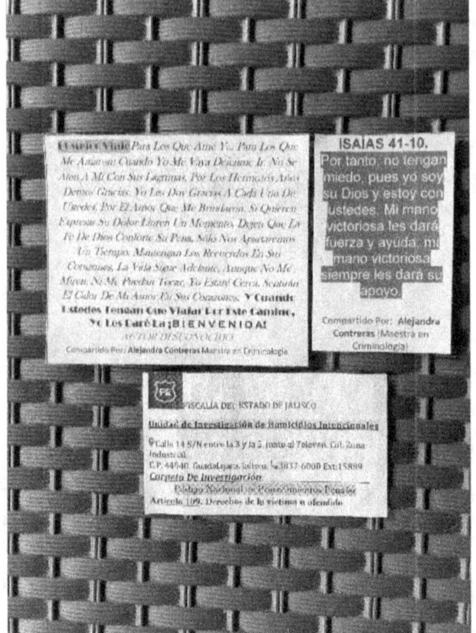

Durante las entrevistas

Las madres siempre se preocupaban por sus hijos, y es que ellas poseían ese sexto sentido maternal. Ellas sabían cuando algo no estaba bien. Muchas veces, el familiar asesinado había quedado de llegar a cierto lugar y hora específicos, y al notar que no llegaban o que no habían avisado a nadie (lo cual no era un comportamiento normal), se ponían en marcha. Buscaban de cualquier manera el paradero de su ser querido desaparecido. Muchas de estas madres se han considerado afortunadas al encontrar el cuerpo de su hijo, sin importar en qué condiciones estuviera, ya fuera desmembrado, calcinado, entre otros. Agradecían a Dios por haberles permitido cerrar ese ciclo, culminando con el entierro de su ser querido.

Por desgracia, otras madres continúan desesperadas, renovando sus fuerzas cada día para avanzar en la búsqueda del cuerpo de sus hijos. Solo anhelan encontrarlos, sin importar cómo, pues muchas veces estas madres me expresaban que también necesitaban encontrar a otro hijo, aunque eso signifique encontrarlo sin vida. Sin embargo, tener la sensación de haber cerrado un ciclo y haber enterrado dignamente a su ser querido es lo que importa.

Entrevistar a las víctimas indirectas y escuchar sus historias más desgarradoras es una oportunidad única, que no todos han tenido la experiencia de vivir, aunque quizás otros sí. Recuerdo algunas anécdotas en particular de las madres de los fallecidos, en las cuales identifiqué un común denominador que llamé «instinto maternal» (conexión energética). Consistía en un escalofrío que nunca antes habían experimentado, algo completamente diferente e inexplicable. A menudo, esto las impulsaba a dirigirse directamente al Instituto Jalisciense de Ciencias Forenses, al área de búsquedas de personas fallecidas sin identificar (muchas personas desconocen que existe un sitio web para realizar estas búsquedas; se puede encontrar escaneando un código QR). Esta era la forma en que se enteraban de que su hijo o hija había fallecido. A pesar de que era el último lugar donde deseaban buscar, debido al temor de encontrar a su ser querido sin vida, estas valientes madres se dirigían allí de todos modos, guiadas por su instinto maternal desarrollado e inexplicable.

Después de varias charlas, en una ocasión me propuse explorar más a fondo esta asombrosa conexión llamada «instinto maternal». Quiero compartir la historia de una mujer a la que llamaré María de la Paz, de 55 años en ese entonces cuando la entrevisté. Durante nuestra conversación, ella me contó que al darse cuenta de que su hijo no había regresado a casa para dormir, sintió cómo la invadía una sensación fría, como cuando te cae un balde de agua helada, recorriendo todo su cuerpo. Y es que, en otras ocasiones, su hijo no había regresado a casa a dormir, pero nunca antes había sentido ese temor convertido en escalofrío, tal como ocurrió ese día. Cuando entró en la habitación de su hijo y vio que la cama seguía sin deshacerse, experimentó algo inexplicable: un shock que la dejó inmovilizada. No puede recordar el tiempo exacto que duró esa sensación, pero estima que fueron alrededor de 30 o 50 segundos. Luego, una intensa tristeza y desesperación se apoderaron de ella. Comenzó a llamar a sus conocidos preguntando si sabían algo de su hijo, con la esperanza de encontrarlo. Fue en el tercer intento que alguien le confirmó que no habían visto a su hijo. Por tal motivo, María de la Paz decidió dirigirse al Instituto Jalisciense de Ciencias Forenses en busca de su ser querido, y fue a través de fotografías que le mostraron en el área de búsquedas de personas fallecidas sin identificar que confirmó la trágica noticia. En ese momento, sintió de nuevo el mismo escalofrío recorriendo todo su cuerpo. Allí, le proporcionaron más detalles: le dijeron que su hijo había ingresado al mismo edificio, pero al área del Servicio Médico Forense (SEMEFO) durante las primeras horas de la madrugada con aparentes lesiones producidas por proyectil de arma de fuego. (En este texto no se abordará en detalle las historias de los fallecidos, pero en el próximo libro se recopilarán los casos de asesinatos más interesantes, narrados por el Agente del Ministerio Público y otros involucrados en el proceso; estén atentos).

Cada día me daba cuenta de que vivía en un panorama bendecido en comparación con todas las familias que eran víctimas indirectas y que estaban ocupadas realizando trámites burocráticos, los cuales suelen ser tardados, complicados y con un trato que carece de empatía, contribuyendo así a una victimización secundaria.

Durante las guardias en el Servicio Médico Forense (SEMEFO), era común adquirir en todas tus prendas y accesorios un olor muy distintivo y particular, muy penetrante, que picaba en las fosas nasales. Ahí aprendí a diferenciar los olores fétidos de un cuerpo humano y el de un animal.

Mi antena criminológica

También podría denominarse de manera acertada como Energía Divinamente Guiada (EDG), mente universal, matriz divina, mente creativa, la fuente, la unidad o consciencia superior, entre otros nombres. No obstante, su verdadera finalidad radica en servir al prójimo y comprender que hemos llegado al planeta Tierra con el propósito de mejorar la calidad de vida de las personas. Esto puede lograrse de diversas formas, algunas tan simples y económicas como sonreír, ser amable al sostener una puerta para alguien, recoger un artículo caído, ceder el paso a otro vehículo o simplemente ser conscientes del momento presente y adoptar la perspectiva del otro. Incluso acciones aparentemente pequeñas, como evitar arrojar basura en nuestro entorno, contribuyen a mantener limpias las alcantarillas y prevenir inundaciones que afectan a las comunidades y las calles que uno mismo transita. En efecto, todo está interconectado. Si todos optáramos por compartir y relacionarnos a través de la compasión, la empatía y una comprensión amorosa hacia nuestros semejantes, podríamos convertirnos en un grupo selecto de agentes de transformación y progreso, promoviendo así una cultura de paz tan urgente en estos tiempos.

La función de la antena criminológica fue detectar oportunidades y facilitar la inclusión del criminólogo en el servicio público, marcando así el inicio de un enfoque más integral.

Mi objetivo cómo criminóloga

Una de mis metas más claras en este período ha sido brindar atención a los familiares desde una perspectiva profesional combinada con empatía, dignidad y respeto. Al emplear estos elementos en mi enfoque, se busca ofrecer una atención auténtica y sensible que evite la Victimización secundaria.

Una oportunidad clave para involucrarme como criminóloga ha sido a través de la conocida entrevista de identificación oficial de una persona fallecida (o asesinada). Este proceso implica que los familiares o el familiar (ya que solo uno realiza el trámite) de la VIDHI deben presentar documentos oficiales originales. Estos documentos se requieren para solicitar la entrega del cuerpo sin vida del fallecido. Esta solicitud se lleva a cabo ante el Ministerio Público de Homicidios Intencionales, que tiene la responsabilidad de gestionar esta fase final de atención a la VIDHI.

La última etapa de atención al familiar de una VIDHI se realiza en el área de trabajo social del Instituto Jalisciense de Ciencias Forenses. En esta instancia, se le pide a la víctima indirecta que entregue los documentos expedidos por el Ministerio Público, los cuales autorizan la liberación del cuerpo sin vida del familiar fallecido. Estos documentos son necesarios para permitir que el servicio funerario proceda con el traslado del cuerpo, ya que cuentan con el permiso oficial y la experiencia necesaria para realizar esta tarea especializada.

¿Cómo percibe el policía investigador a las VIDHI?

La percepción y conducta de mis colegas era la de resolver rápidamente el caso de homicidio. Sin darse cuenta, se mostraban más directos, bruscos y efusivos al hacer preguntas. Parecía que estaban ansiosos por obtener respuestas interesantes que pudieran contribuir a ampliar o aclarar las líneas de investigación. Su único objetivo era resolver el caso de homicidio lo más pronto posible y detener a los responsables. Algunos compañeros no lograban comprender la magnitud del dolor, el trauma y la tristeza de su pérdida humana. Sus preguntas parecían insensibles en ese momento, tal vez porque para ellos era una rutina debido a la naturaleza exigente del trabajo en el servicio público, en un entorno cargado de negatividad y una gran rapidez a la que estábamos acostumbrados a trabajar para avanzar en la investigación. Los superiores siempre enfatizaban la resolución de los casos de homicidio y la obtención de datos relevantes para la investigación.

No comprendían que la urgencia por resolver el homicidio también contribuía a lo que se conoce en criminología como victimización secundaria. El propio sistema de justicia y los actores involucrados en el proceso a menudo maltrataban a las VIDHI, tratándolas de manera insensible y proporcionando una atención deficiente y burocrática, a pesar de que se espera que estas personas se sientan protegidas y respaldadas, exigiendo una pronta justicia por parte del Estado.

Este enfoque acelerado para obtener información resultaba evidente en su ineficacia. Las VIDHI estaban abrumadas por el shock y el impacto de su pérdida humana, y este método contrario estaba contribuyendo a una revictimización.

¿Cómo estaba fallando el sistema?

El sistema presentaba una deficiencia notable al tratar a los fallecidos como meras estadísticas, simples muertes que requerían una serie de procedimientos de investigación. Entre estos procedimientos, me enfocaré en resaltar uno de particular interés criminológico: la entrevista a las VIDHI. Estas personas eran afectadas por un trato insensible que exacerbaba su sufrimiento. La urgencia y rapidez con la que el equipo de investigadores de la policía anhelaba resolver los casos de homicidio a menudo resultaba en una victimización secundaria en los familiares.

Antes de la implementación del proyecto centrado en las VIDHI, durante el año 2017, específicamente en el mes de mayo, observé detenidamente las operaciones llevadas a cabo en la renombrada Comandancia de Homicidios Intencionales de la Fiscalía del Estado de Jalisco. Recuerdo claramente que cuando estábamos de guardia (trabajando durante 24 horas), nos encargábamos de acudir a todos los casos de homicidio que ocurrían en la zona metropolitana de Guadalajara. Además, debíamos designar a un miembro del equipo para responder a las solicitudes del ministerio público, quien requería que un oficial de investigación se dirigiera a entrevistar a un familiar del fallecido. Esta entrevista tenía el propósito de recopilar datos de identificación oficial de la víctima y, más importante aún, obtener información relevante que pudiera orientar las líneas de investigación. En algunas ocasiones, simplemente complementar las líneas ya existentes, debido a que en el lugar de los hechos o de hallazgo ya se habían obtenido datos que apuntaban hacia los perpetradores.

¿Cuál es la función principal del policía investigador en la entrevista a las VIDHI?

Mi rol específico consistía en entrevistar a los familiares de las personas fallecidas o asesinadas con el propósito de recopilar información valiosa que pudiera contribuir a iniciar o complementar las líneas de investigación, las cuales a menudo se originaban en el lugar de los acontecimientos o de hallazgo (lugar donde se realizaba el levantamiento del cadáver). El objetivo fundamental de este proceso era identificar y detener a la o las personas responsables del homicidio.

En ocasiones me preguntaba por qué algunos casos no arrojaban resultados, y la respuesta residía en que las víctimas o sus allegados carecían de información o no estaban dispuestos a proporcionarla. Este último aspecto también presenta un conflicto que merece un análisis detallado en otro contexto. Cabe mencionar que la colaboración de los familiares en cuanto a la provisión de datos resultaba insuficiente en muchos casos. Algunas veces esta situación era comprensible, mientras que en otras resultaba menos justificable. Mis colegas y yo optábamos por intensificar nuestras estrategias de interrogación cuando percibíamos que los familiares podían poseer información crucial. Para ello, empleábamos tonos de voz más enérgicos, con la finalidad de estimular la obtención de líneas de investigación sólidas y avanzar en la resolución de los crímenes.

Vale la pena recordar que las personas que nos rodean, en su mayoría, son nuestros familiares más cercanos y, por lo tanto, poseen un conocimiento detallado de nuestras rutinas diarias. En algunas ocasiones, el miedo de las víctimas a represalias les impedía compartir información de manera fluida, ya que a menudo tenían la preocupación de que podrían ser sospechosas de alguna manera. También había casos en los que los familiares se encontraban en estado de shock debido a la pérdida humana, lo que afectaba su capacidad para comunicarse eficazmente. Además, las responsabilidades prácticas relacionadas con los trámites posteriores al fallecimiento podían distraer y dispersar su enfoque mental. El temor a posibles represalias constituía la principal razón recurrente por la que algunos familiares optaban por no revelar información durante las entrevistas.

Síndrome de Burnout en los policías

Una de las facetas negativas de contar con grupos reducidos es la abrumadora carga laboral que recaía sobre nosotros. En las distintas áreas operativas de investigación, se podía percibir un ambiente cargado de negatividad y constante queja. No me sorprendía ni culpo a mis compañeros, ya que en ocasiones yo también me sentía afectada en ciertos lapsos de tiempo, contaminada por una sensación difusa.

Mi insaciable curiosidad me impulsó a investigar más a fondo. Me planteé preguntas como: ¿Había algún patrón común entre nosotros? ¿Estábamos haciendo algo mal en nuestro trabajo? ¿O eran las experiencias diarias en las que nos sumergíamos las que influían en nuestra actitud? Mi búsqueda me llevó a explorar en línea, específicamente en temas policiales y la atención al bienestar de los agentes en su entorno laboral.

Descubrí resultados valiosos, entre ellos la existencia del síndrome de *Burnout*, también conocido como síndrome del trabajador quemado, que afectaba no solo a nuestro entorno, sino también a diversas esferas laborales, tanto en el servicio público como en las empresas privadas. Sin embargo, mi enfoque personal se centró en el ámbito operativo, donde yo misma trabajaba como investigadora policial.

Durante mi tiempo en el servicio de la Fiscalía del Estado de Jalisco, no pude evitar notar la falta de atención al bienestar de quienes laborábamos en la institución. No había un espacio dedicado a cuidar de nosotros, los policías. Yo anhelaba un lugar tranquilo donde pudiera desahogarme después de enfrentar constantemente el dolor y la maldad ajena. La acumulación de estas emociones en cada caso que atendíamos generaba un ambiente emocionalmente volátil.

Me preguntaba por qué debíamos lidiar con esto, por qué debíamos estar siempre disponibles y alertas. Algunas veces incluso interrumpían tus días vacacionales. A menudo, el imaginario colectivo nos percibe como máquinas incansables para aniquilar el crimen, olvidando que también necesitamos atención integral: física, mental y espiritual.

A través de la energía divinamente guiada (EDG), llegué a comprender que cada día se volvía más agobiante que el anterior. Era injusto esperar que nos esforzáramos al máximo en estas condiciones. No existía un espacio de bienestar pensado específicamente para los agentes de policía. Esta situación cambió a partir del año 2021, ya que ahora existe un área de atención para el bienestar de los policías llamada «Gabinete de Salud Integral», que cuenta con psicólogos, médicos y nutricionistas. Y puedo resaltar orgullosamente que tuve el privilegio de presentar una propuesta preventiva en octubre del año 2020, con el objetivo de contrarrestar el síndrome de *Burnout*. En nombre de nuestro grupo «Sonreír es de Valientes», me acerqué al fiscal ejecutivo de investigación criminal, el Mtro. Luis Joaquín Méndez Ruiz, quien actualmente es fiscal del Estado de Jalisco. Mi propuesta consistía en la creación de un espacio destinado a la meditación mindfulness y otras herramientas complementarias de bienestar holístico.

Mi proyecto se basó en material proporcionado por la Secretaría de Gobernación (SEGOB), la Comisión Nacional de Seguridad (CNS), la Iniciativa Mérida y la Oficina de las Naciones Unidas contra la Droga y el Delito (UNODC). Utilicé un material en formato PDF titulado *Técnicas para el manejo del estrés y contención emocional para policías*, que se puede descargar desde la web. Con esta propuesta, buscaba mejorar la calidad de vida y el bienestar emocional de todos los policías investigadores de la Fiscalía del Estado de Jalisco.

Técnicas para el manejo del estrés y contención

Proyecto policías 2020

A la fecha de hoy, han pasado 3 años y 9 meses y no recibí ninguna respuesta a mi favor ni notificación de negativa, absolutamente nada. Sin embargo, a través del «radio pasillo» (una expresión popular para los chismes o rumores que circulan en los pasillos de la institución de la fiscalía), me enteré de que la semilla dio fruto y se llama «Gabinete de Salud Integral».

Gracias a las personas que hicieron posible lo mencionado anteriormente, quiero destacar al actual fiscal del Estado de Jalisco, el maestro Luis Joaquín Méndez Ruiz, y al amable y cordial ser humano, el maestro Jaime Navarro, quien me consiguió la cita en esa ocasión, resultando ser beneficiosa para el bienestar expansivo de los policías y trabajadores de la Fiscalía del Estado de Jalisco.

Quiero mencionar que el logro de este espacio fue el resultado de la voluntad conjunta de todas las energías que colaboraron para mejorar las condiciones del personal policial. Sin la ayuda de las personas mencionadas anteriormente y sin la voz inquebrantable y revolucionaria de esta valiente servidora, quizás ese espacio no existiría.

¿Para qué se implementó el radar criminológico o EDG (energía divinamente guiada)?

La razón detrás de la implementación del Radar Criminológico o EDG (Energía Divinamente Guiada) radica en la observación evidente de que nadie estaba teniendo en cuenta a las VIDHI. Estas personas también deseaban recibir atención con la misma celeridad que cualquier individuo espera al realizar trámites de cualquier índole. De manera análoga, mis colegas buscaban obtener información rápidamente para satisfacer sus intereses laborales. Es importante destacar que las VIDHI merecen esa misma reciprocidad. No debemos pasar por alto lo fundamental que es sentir compasión por quienes atraviesan una dolorosa situación. La experiencia que están viviendo los afligidos no es en absoluto placentera: perder a un hijo, hermano, padre, abuela o madre es una vivencia sumamente difícil.

La energía divinamente guiada proporcionó las herramientas necesarias para transformar este proceso de atención a las VIDHI y, al mismo tiempo, obtener las valiosas y esenciales líneas de investigación requeridas.

¿Cómo se logró la efectividad, generando un mayor bienestar para los familiares de las víctimas?

Fue a través del proyecto VIDHI 2018 y apoyada fuertemente por mis superiores en curso, el comandante de homicidios Armando Chávez y Bonifacio Arias (quien en ese momento ejercía como J2 en clave operativa y tenía un amplio conocimiento en el área de homicidios, ya que él fue mi primer comandante). Meses antes ya había intentado poner en marcha este mismo proyecto con otro comandante, pero no tuve éxito. En esa ocasión, agradezco el apoyo que me brindó mi compañero Carlos Acevedo, quien recuerdo que me dijo: «En cuanto llegue el comandante, abórdalo. Ve a su oficina temprano y preséntale el proyecto». Y así lo hice.

Siempre he creído que toda gran idea de transformación se inicia en una mente apasionada y disciplinada que insiste persiste y resiste hasta hacerlo funcionar. Tal es mi caso. Los personajes antes mencionados fueron la guía que necesitaba para lograr un bien mayor para la humanidad. De hecho, todos salíamos beneficiados con este proyecto, ya que se evitaba la victimización secundaria, tan común en las VIDHI, y por supuesto aumentaba la efectividad como medio óptimo de recopilación de datos interesantes para integrarlos a las líneas de investigación en curso.

¿Cómo se puede hacer la diferencia en la atención a las VIDHI?

Una forma destacada de marcar la diferencia es brindar atención con sensibilidad y profesionalismo en las dependencias del ministerio público vinculadas al servicio médico forense. Estas acciones principales permiten atender a las víctimas con humanidad, empatía, compasión, dignidad y respeto, mejorando así su dolorosa experiencia durante la atención. Siempre es esencial ponerse en el lugar de los afligidos y tratarlos de la manera en que nos gustaría ser tratados en una situación similar.

¿Cómo era el proceso de atención a las VIDHI en el SEMEFO?

Inicialmente, las víctimas llegaban al área del ministerio público, donde se les solicitaban los primeros documentos, así como información sobre el fallecido y el usuario. Posteriormente, debían dirigirse al área de la policía de investigación (donde me encontraba) para proporcionar nuevamente los mismos datos, y en este caso, se agregaban otros detalles que podrían haber surgido durante la entrevista. A continuación, se llevaba a cabo la intervención del trabajo social, donde una vez más se requerían los mismos datos por tercera vez consecutiva (una situación difícil para los dolientes), lo que lamentablemente resultaba en una victimización secundaria.

Sin embargo, un día el licenciado Jorge Humberto Ramos, su secretario Diego Sánchez y yo misma, emprendimos la búsqueda de un proceso para evitar esta victimización secundaria. La solución consistía en que el licenciado Ramos me proporcionaba una hoja con los datos de la declaración reciente tomada, y yo solicitaba amablemente a la víctima que revisara la información. En caso de encontrar algún error, se me notificaba para poder corregirlo. Esto resultó muy beneficioso, ya que permitía corregir errores de dedo que podrían haber ocurrido por parte del Ministerio Público o el secretario. Después de realizar estas correcciones, utilizaba la hoja para completar mi parte de la entrevista y luego se entregaba a la tercera y última fase, que consistía en el trabajo social. De esta manera, logramos optimizar nuestro proceso de trabajo y brindar una atención más eficiente y efectiva a las víctimas.

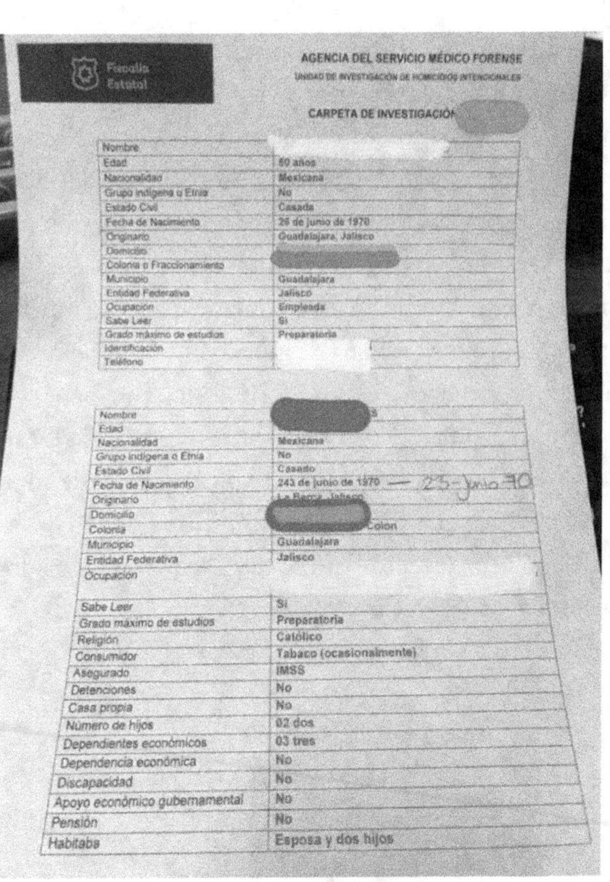

Nombre	
Edad	50 años
Nacionalidad	Mexicana
Grupo indígena o Etnia	No
Estado Civil	Casada
Fecha de Nacimiento	26 de junio de 1970
Originario	Guadalajara, Jalisco
Domicilio	
Colonia o Fraccionamiento	
Municipio	Guadalajara
Entidad Federativa	Jalisco
Ocupación	Empleada
Sabe Leer	Sí
Grado máximo de estudios	Preparatoria
Identificación	
Teléfono	

Nombre	
Edad	
Nacionalidad	Mexicana
Grupo indígena o Etnia	No
Estado Civil	Casado
Fecha de Nacimiento	243 de junio de 1970 — 23-Junio 70
Originario	La Barca, Jalisco
Domicilio	
Colonia	Colón
Municipio	Guadalajara
Entidad Federativa	Jalisco
Ocupación	
Sabe Leer	Sí
Grado máximo de estudios	Preparatoria
Religión	Católico
Consumidor	Tabaco (ocasionalmente)
Asegurado	IMSS
Detenciones	No
Casa propia	No
Número de hijos	02 dos
Dependientes económicos	03 tres
Dependencia económica	No
Discapacidad	No
Apoyo económico gubernamental	No
Pensión	No
Habitaba	Esposa y dos hijos

Finalmente, el 29 de junio de 2019, mientras estaba de guardia en el SEMEFO del Instituto Jalisciense de Ciencias Forenses, tuve la oportunidad de agradecer a mi comandante Armando Chávez por su apoyo al permitirme ausentarme durante algunas horas para defender mi artículo y así obtener mi grado de Maestra en Criminología en el Colegio Libre de Estudios Universitarios (CLEU) Actualmente trabaja de la mano con la Unidad de Victimología «Sonreír es de Valientes» A. C., ya que es una institución líder en México en temas innovadores de Criminología, Criminalística y Técnicas Periciales.

Mi titulación se llevó a cabo a través de la modalidad de libros de texto, prototipos didácticos o instructivos, y quedó registrada en el Acta de Titulación con los folios AG0040 y GA0028 de julio de 2019. En colaboración con otras, participé en el libro titulado *Una Mirada a las Nuevas Tendencias Criminológicas*, donde abordé el tema de la influencia del movimiento alterado en la conducta del adolescente.

29 de junio 2019 estaba de guardia en SEMEFO y me ausente para ir a defender mi artículo y obtener mi grado de maestra en criminología

Artículo sobre movimiento alterado en la conducta adolescente

Capítulo 3
Plataforma virtual del Instituto Jalisciense de Ciencias Forenses

https://cienciasforenses.jalisco.gob.mx/registro_pfsi.php

Existe un sitio pensado para los familiares preocupados que insistentemente acuden para obtener información sobre su ser querido desaparecido, la necesidad de desplazarse físicamente generaba una inversión considerable de tiempo, dinero y retrasos en la atención debido a la gran afluencia de personas y al largo proceso de exhibición de fotografías. Por otro lado, en el entorno virtual, no se muestran fotografías para evitar impactar a personas susceptibles y mantener la accesibilidad para todo público. Dada la presencia de menores de edad en las redes en la actualidad, se busca evitar causar inquietud debido al sensacionalismo en torno a la temática de la muerte.

En el micrositio denominado «Registro PFSI» se proporcionan descripciones detalladas de las personas fallecidas sin identificar, compuestas por 9 parámetros. A continuación, se detallará la información relacionada con el sitio virtual para que cualquier interesado pueda acceder a una explicación más amplia sobre el tema.

Personas fallecidas sin identificar: Registro PFSI

El Instituto Jalisciense de Ciencias Forenses, bajo la dirección del Dr. Jesús Mario Rivas Souza, presenta el micrositio denominado «Registro PFSI» como una herramienta de orientación con el propósito de facilitar la identificación de personas fallecidas sin identificar (PFSI) que están bajo su custodia. Este micrositio ha sido aprobado a través de un dictamen de Evaluación de Impacto por el Pleno del Instituto de Transparencia, Información Pública y Protección de Datos Personales del Estado de Jalisco, en su Trigésima Cuarta Sesión Ordinaria celebrada el 14 de octubre de 2019.

Esta iniciativa se encuentra en conformidad con lo estipulado en el artículo 19 y el párrafo primero de la fracción XV y XVI de la Ley General de Víctimas, así como en los artículos 44 y 70, fracciones XVII y XX de la Ley General en Materia de Desaparición Forzada de Personas, Desaparición cometida por Particulares y del Sistema Nacional de Búsqueda de Personas. También se ajusta al artículo 271, último párrafo, del Código Nacional de Procedimientos Penales, y al artículo 13, fracción III, del Reglamento de la Ley General de Salud en lo relativo al control sanitario de la disposición de órganos, tejidos y cadáveres de seres humanos.

Además, se sustenta en el artículo 11, punto 3 de la Ley de Protección de Datos Personales en Posesión de Sujetos Obligados del Estado de Jalisco y sus Municipios, así como en el artículo 17, fracción II, de su Ley Orgánica, y en el artículo 22, fracción V, de su Reglamento Interno. Este micrositio contiene un catálogo de datos relacionados con las PFSI bajo la custodia de la institución, los cuales han sido recopilados desde el 19 de septiembre de 2018 hasta la fecha actual. La información se mantiene en constante actualización.

Una vez que se logre la identificación de una PFSI, su información será retirada del micrositio «Registro PFSI» en un plazo máximo de 24 horas.

Es importante señalar que no se proporcionará información adicional más allá de lo publicado, en relación con una posible identificación positiva, a menos que un familiar de la PFSI justifique su interés en obtenerla.

Guía para completar el formulario de búsqueda e interpretar los resultados

1. Fecha de ingreso

Esta fecha se establece cuando la persona fallecida es admitida en el SEMEFO y es registrada por el asistente de autopsias.

2. Número identificador

Es un número único asignado automáticamente cuando el Departamento de Trabajo Social del SEMEFO ingresa los datos de una persona fallecida en el sistema básico de archivo de personas fallecidas. También se conoce como ID.

3. Nombre probable

Es el nombre con el cual se identifica inicialmente a la persona fallecida por el primer respondiente en el lugar de los hechos. Se obtiene como dato preliminar a través de diversos indicios, como documentos, testimonios de personas, registros previos de ingreso a hospitales antes del fallecimiento, identificación mediante huellas dactilares en el sistema AFIS (al cual este Instituto tiene acceso) u otras fuentes.

4. Sexo

Se refiere a la identificación biológica de hombre o mujer determinada por el médico durante la necropsia, basada en las características sexuales observadas.

5. Edad probable

Inicialmente se estima por el médico que realiza la necropsia, agrupando a la persona fallecida en un rango de edad y aproximándola en intervalos de 5 años.

6. Descripción de características particulares

Incluye la descripción de características especiales de la persona fallecida, como la presencia de cirugías, fracturas, amputaciones o implantes; lunares notables o de tamaño superior a medio centímetro; cicatrices llamativas.

7. Descripción de tatuajes

Comprende la descripción de los diseños, letras e imágenes que conforman los tatuajes, su ubicación en el cuerpo de la persona fallecida y los colores presentes.

8. Descripción de prendas e indumentarias

Involucra la descripción de las prendas con las que la persona fallecida ingresó al SEMEFO. Incluye detalles como el tipo de prenda, material (si se puede determinar), color, marca, talla y cualquier información de etiqueta disponible.

9. Lugar donde se encuentra resguardada la PFSI

Indica si se encuentra en la sede central del IJCF o en una de sus delegaciones en el interior del estado.

Si cree que las características identificativas corresponden al familiar (persona) que está buscando, debe seguir los siguientes pasos:

Si la PFSI está registrada en los archivos de la Zona Metropolitana de Guadalajara

Diríjase al Área de Atención a Familiares de Personas Fallecidas Sin Identificar (PFSI) del Instituto Jalisciense de Ciencias Forenses (IJCF), cuyo horario de atención es ininterrumpido durante los 365 días del año. Esta área se encuentra ubicada en la calle Batalla de Zacatecas número 2395,

Fraccionamiento Revolución, San Pedro Tlaquepaque, Jalisco. Asegúrese de contar con la siguiente información al acudir:

1. Número de identificación (ID) previo de la PFSI.
2. Documento de identificación oficial.
3. Aporte de fotografías de la persona desaparecida y, en caso de ser aplicable, de sus tatuajes.

Si la PFSI está registrada en alguna de las Delegaciones del IJCF dentro del Estado

Acuda a la delegación más cercana y lleve consigo la siguiente información:

1. Número de ID previo de la PFSI.
2. Documento de identificación oficial.
3. Proporcionar fotografías de la persona desaparecida, si están disponibles.

En el caso de que identifique a una PFSI en los registros del micrositio y se encuentre fuera del Estado de Jalisco, por favor, establezca comunicación telefónica con el Área de Atención a Familiares de Personas Fallecidas Sin Identificar (PFSI) del Instituto Jalisciense de Ciencias Forenses, a cargo del Dr. Jesús Mario Rivas Souza, utilizando el número de teléfono 33 30 30 94 72. Este contacto está disponible las 24 horas del día, todos los días del año. Alternativamente, puede comunicarse con la Delegación correspondiente, utilizando los números telefónicos y respetando los horarios de atención indicados en la tabla mencionada anteriormente.

ID	Fecha Ingreso	Sexo	Probable nombre	Edad	Tatuajes	Indumentarias	Señas Particulares	Delegación IJCF
33048	02/05/2023	Hombre	PFSI HOMBRE CINCHO 388188	NO DETERMINABLE años	- LEYENDA "MARIA DEL ROSARIO" PALABRAS CLAVE: LETRAS-NúMEROS	NO PRESENTA	NO PRESENTA	San PedroTlaquepaque
33056	02/05/2023	Hombre	PFSI	26-30 años	- ANTEBRAZO IZQUIERDO CARA ANTERIOR EN TERCIO PROXIMAL (ALESSIA) DE 7CM POR 1.5CM DE EXTENSIÓN - CUELLO CARA ANTERIOR FIGURA DE ROSTRO DE BUHO DE12CM POR 11CM DE EXTENSIÓN - CUELLO LATERAL DERECHA LETRAS VERTICALES - HEMITORAX DERECHO EN SU CARA EXTERNA UN ANCLA DE 5CM POR 2.5CM DE EXTENSIÓN - TORAX ANTERIOR Y POSTERIOR. SIMULANDO COLLAR ALREDEDOR DE HOJAS DE 45CM POR 3CM DE EXTENSIÓN PALABRAS CLAVE: ANIMALES, LETRAS-NÚMEROS, OBJETOS.	-SUDADERA COLOR NEGRO CON LEYENDA BLUBERRY TALLA XL PLAYERA COLOR NEGRO TALLA XL CON LA LEYENDA FENDI PANTALON COLOR AZUL TALLA 32 CON LEYENDA FENDI PAR DE CALCETINES COLOR BLANCOS CON AZUL BOXER COLOR GRIS EVERLAST	NO PRESENTA	San PedroTlaquepaque

Nota 1: dentro del micrositio existen registros de PFSI que, hasta la fecha, se encuentran inhumados. Estos registros están incluidos en el mismo sitio para que sus familiares puedan buscarlos.

Nota 2: el registro de PFSI anterior al 19 de septiembre de 2018 se encuentra en proceso de consolidación. Una vez finalizado, será añadido al micrositio.

Las VIDHI en el lugar de los hechos

Recuerdo una de las numerosas ocasiones en las que llegamos al lugar de los hechos y me bajé del vehículo en el que viajábamos. Lo primero que captó mi atención y me conmovió profundamente fue ver a una mujer llorando y gritando entre sollozos: «¡Mi hijo, mi hijo!». Mientras tanto, noté que se estaba desvaneciendo. Había personas allí que la sostenían, pero ella no apartaba la mirada del cuerpo de su hijo tendido en el asfalto.

Aunque en ese momento mi función consistía en investigar lo sucedido, buscar posibles testigos presenciales para entrevistar, recopilar grabaciones de video de los alrededores y llevar a cabo diversos registros para elaborar la carpeta de investigación, mi atención se centró en ese instante particular en el que los familiares atravesaban un doloroso momento al contemplar el cuerpo sin vida en el suelo, sin tener la oportunidad de despedirse debido a los protocolos oficiales en el lugar del incidente. Me entristecía profundamente observar que nadie intentaba consolar a la mujer, una víctima indirecta vulnerable.

Actos de Investigación en Campo Operativo

La pobre mujer estaba desfalleciendo y parecía exhausta, sus lamentos por su hijo resonaban en el aire mientras intentaba desesperadamente acercarse al lugar donde yacía su hijo. Presencié esta escena en varias ocasiones y siempre me hacía reflexionar sobre los familiares de las víctimas, lo que me lleva a pensar ahora, con más tranquilidad, en la intensidad de la conexión que sentía con el sufrimiento en esos momentos tan traumáticos.

En cada turno que estuve de guardia, cuando la tarea era acudir al lugar donde habían asesinado a alguien, cada sitio, cada contexto y toda la atmósfera circundante estaban imbuidos de una energía extremadamente negativa. En ciertos lugares, me tocó ingresar sola, sin compañeros cercanos. Recuerdo una ocasión en particular, una especie de gran almacén con un único espacio, oscuro y sombrío. A lo lejos, en el suelo, había unas 20 velas encendidas que contribuían a aumentar la sensación lúgubre del lugar.

Cerca de la entrada, a unos 2 metros de distancia, yacía el cuerpo inerte de un hombre de entre 40 y 45 años, rodeado por un gran charco de sangre mezclada con agua. Cada paso que daba producía un sonido, haciendo que el agua bajo mis zapatos se agitara. El olor metálico característico de la sangre llenaba el aire. Al dar el primer paso hacia el interior del lugar, sentí una atmósfera increíblemente negativa, opresiva y cargada de miedo. Tenía la sensación de que alguien me observaba, aunque sabía que estaba sola.

Decidí rezar por el difunto, por su alma y su espíritu, para que pudiera encontrar paz en su trascendencia. Esto me brindó cierto alivio, aunque la sensación de ser observada persistía en cierto grado. A pesar de esto, el temor inicial fue cediendo gradualmente, quizás porque me estaba adaptando a la situación. Aunque en momentos mi piel se erizaba y sentía escalofríos, mantenía mi enfoque en mis tareas.

Cuando me acerqué lo suficiente como para examinar las heridas del fallecido, quedé impactada y conmovida por unos segundos. Dos lágrimas escaparon de mis ojos y las enjugué rápidamente con las manos. Opté por dirigirme al fallecido y le expresé mis condolencias por la manera en que nos habíamos encontrado, asegurándole que yo no le había hecho daño y que estaba allí para cumplir con mi trabajo. Le expliqué que mis colegas y yo, como investigadores de policía, haríamos todo lo posible para encontrar a la persona responsable de su muerte.

Le transmití que no tenía razones para temer y le pedí que trascendiera en paz hacia el siguiente plano, ya que su misión en esta vida había llegado a su fin.

A medida que pasé mis días en el ámbito laboral, en cada escenario de homicidio al que asistí, todos presentaban contextos muy diversos, pero en la mayoría de los casos la muerte era producida por proyectiles de armas de fuego. Aprendí mucho con cada experiencia, pero mi interés genuino estaba en las VIDHI, y no dejaba de reflexionar sobre lo complicado que es desde el primer momento en que te avisan que un ser querido ha fallecido a unas cuadras de tu hogar. Llegar al lugar, confirmar que es tu ser querido y darte cuenta de que no pudiste decirle algunas palabras de despedida para aliviar la tragedia. En ese instante, todo es impactante para el afligido, y en esa situación, nadie busca nuevamente el consuelo de un ser humano que está sufriendo un dolor desgarrador. Es esencial comprendernos mutuamente y ponerse en los zapatos del otro, pensando en lo que desearíamos recibir en una circunstancia similar.

Es por eso que ahora comprendo que siempre estuve inclinada a seguir pensando en las VIDHI y en cómo aliviar ese sufrimiento. Así fue como, a través de un proyecto presentado en diciembre de 2018 para evitar la revictimización en las VIDHI durante las entrevistas de identificación oficial, logré abordar esta situación con mayor calidad, calidez, sensibilidad, empatía, humanidad y respeto. También se proporcionó un espacio más tranquilo y sereno para llevar a cabo el proceso, y como beneficio adicional, se obtuvieron datos más relevantes para enriquecer las investigaciones.

Mi aprecio y amor al prójimo siguió latente. Después de renunciar a esa institución, seguía estrechamente ligada a las VIDHI. Decidí continuar trabajando por ellas, lo que dio origen al proyecto para establecer una organización no gubernamental llamada Unidad de Victimología «Sonreír es de Valientes» A. C. Nuestra principal prioridad es la VIDHI, abarcando la atención desde la escena del crimen (primaria o secundaria) hasta la tercera fase, donde se exploran métodos alternativos de sanación que incorporan enfoques holísticos y ancestrales a través de los Círculos Armoniosos de Amor y Paz (CAAP).

Hemos tenido la fortuna de extender nuestra tercera fase a otros ámbitos, con el propósito de promover un bienestar expansivo. Más allá de nuestro objetivo principal, que son las VIDHI, estos valiosos conceptos son útiles para cualquier ser humano, ya que todos anhelamos ser tratados con amor, respeto, empatía, humanidad, calidad y calidez. Incluso dentro de los grupos altamente vulnerables, como los trabajadores empresariales y del servicio público, estos enfoques pueden contrarrestar el agotamiento laboral y contribuir a un entorno laboral saludable. Según la Organización Mundial de la Salud (OMS), esto conduce a una mayor productividad, actividad y positividad, mejorando así la calidad de vida y el rendimiento de la empresa. Está claro que tanto los trabajadores como los empleadores se benefician al implementar prácticas sólidas de salud ocupacional, bienestar laboral y seguridad. Todo esto nos permite ser más efectivos, empáticos, compasivos, amorosos y solidarios en nuestras interacciones.

Expreso mi infinita gratitud al poder superior por mostrarme de manera tan maravillosa lo que debo desarrollar de acuerdo con el plan divino. Mi objetivo como ser humano es dejar una huella positiva en las personas y contribuir en cierta medida con mi esencia única e irrepetible para promover un bienestar expansivo. Realizo esto con amor, alegría, gratitud y como una forma de retribución a la madre tierra por permitirme vivir tantos años en este hermoso planeta. Entrego mi servicio con cariño y amor a todos los seres humanos que me permitan acompañarlos en esta aventura terrenal.

Todos los integrantes, y en especial quien les habla, estamos sumamente emocionados por continuar avanzando y lograr resultados positivos a través de nuestra unidad de victimología «Sonreír es de Valientes». En el marco de este importante proyecto, hemos decidido brindar una atención especial y cariñosa a los familiares de las VIDHI del rubro policial (que han perdido la vida en el cumplimiento de su deber). Esto es esencial debido a las formas tan impactantes y crueles en las que se han presentado algunos eventos, lo cual ha causado un profundo trauma en los familiares. Consideramos que una forma de rendir honor a su memoria, por su vocación y tiempo de servicio, es ofrecer nuestra valiosa labor a través de nuestra Unidad de Victimología «Sonreír es de Valientes» A. C.

El 11 de julio de 2023, el personal de la Fiscalía del Estado de Jalisco y la Comisaría de Tlajomulco de Zúñiga sufrieron un cobarde ataque mediante artefactos explosivos, resultando en la trágica pérdida de cinco policías. Estos agentes respondieron a un llamado en el que se informaba sobre la presencia de restos humanos en un vehículo. Este incidente representa un hecho sin precedentes que pone de manifiesto la extrema violencia ejercida por estos grupos criminales. La fragmentación y el dolor subsisten en este plano terrenal, afectando a los familiares que, como víctimas indirectas, continúan enfrentando esta difícil realidad.

Es fundamental crear una conciencia colectiva en torno a la vida de los policías en la vida real. Ser policía implica tener una única oportunidad de vida, cuyo propósito es proteger y servir a los ciudadanos. Aquellos que hemos sido policías sabemos y hemos experimentado un profundo temor a perder la vida en cualquier momento. A diferencia de los videojuegos o las películas, donde las escenas y los guiones están preestablecidos, y donde el enemigo se presenta de manera predecible, en la vida real no existen múltiples vidas ni se puede anticipar de dónde surgirá la próxima amenaza.

El siguiente texto fue tomado de un familiar VIDHI de mis excompañeros policías que estuvieron presentes en la tragedia del 11 de Julio del año 2023, y expresa lo siguiente:

Salir cada día a trabajar dejando el corazón y el alma en tu hogar, portar un par de armas y, a veces, un chaleco antibalas, la mente enfocada en actuar contra el enemigo que podría aparecer en cualquier momento y lugar, trabajar jornadas extensas de 24 horas seguidas e incluso 48 horas sin descanso ni comida, sin ver a tu familia durante días, enfrentar la incertidumbre de regresar con bien, partir a tierras desconocidas por lapsos indeterminados, sin saber qué te espera ni de quién debes cuidarte. Imagina estar en un restaurante con tu familia y sentir que hasta eso es peligroso, o simplemente salir de casa y estar en constante alerta, sin seguridad ni siquiera en tu propio hogar. Vivir una vida de privaciones, perdiendo momentos, celebraciones y tiempo con tus seres queridos debido a las guardias de fin de semana destinadas a proteger a una sociedad que, a veces, desvaloriza tu labor y se desprotege por la falta de recursos.

Es perder a familiares en una batalla que parece no tener fin, vivir en espera del último suspiro, una existencia marcada por la incertidumbre. Aquellos que critican a los policías investigadores y minimizan sus experiencias seguramente nunca han tenido que vivir la angustia de ver a un hijo, esposo o padre salir a las 3 de la madrugada para servir, quedarse despiertos sin comunicación, esperando una llamada que asegure su seguridad mientras las noticias repiten informes de elementos caídos. No han experimentado el dolor de responder a los interrogantes de sus hijos sobre si su ser querido volverá pronto, o el temor de ver a un familiar en las noticias, siendo el elemento caído.

No han sentido el impacto emocional de una llamada después de un ataque de un comando armado, dejando a los seres queridos atónitos y sin comprender cómo lograron salir ilesos. No comprenden los inmensos sacrificios de ser un servidor público que, las 24 horas y los 365 días del año, vive en riesgo constante. Solo aquellos que aún tienen a sus seres queridos con vida entienden el calvario que experimentan cada día, al despedirlos y verlos partir nuevamente al trabajo. Hoy, varios elementos no regresarán a sus hogares, pero no te corresponde juzgar, a menos que hayas vivido lo que describo. No es justo menospreciar uno de los trabajos más peligrosos. Debemos respeto a las familias que afrontan este dolor. Seamos conscientes y evitemos opinar sin conocer plenamente la historia.

Quiero dejar claro que amaba ser policía; lo que no me gustaban eran los horarios laborales impredecibles. Sin embargo, la satisfacción de recibir agradecimientos de las familias por detener al criminal hacía que valiera la pena la carga laboral. Esta gratificación se convertía en mi motivación para seguir trabajando duro y lograr más resultados favorables. Quiero extender un agradecimiento especial a nuestros compañeros caídos por su valentía y dedicación, así como a aquellos que siguen en servicio y disponibles para cualquier eventualidad. Muchísimas gracias, gracias, gracias.

Ahora, después de seis años desde que empecé mi viaje profesional en el servicio público, puedo decir con orgullo que desempeñé uno de los trabajos más peligrosos y subvalorados. Es importante mencionar que me enorgullece haber sido policía investigador en el área de homicidios intencionales. Siempre tuve una inclinación hacia la victimología y empatizaba tanto con las víctimas directas como con las indirectas, buscando mejoras (proyecto 2018). Ahora comprendo que también fui un conducto, un canal de ayuda que conectaba con las energías de los fallecidos. Mi cuerpo reaccionaba a esta conexión con un escalofrío espontáneo en mi piel, y me sumergía en el contexto por varios minutos. Al mismo tiempo, experimentaba temor, angustia y una profunda tristeza que incluso me hacía llorar. Mi intuición me guiaba a orar por ellos y por sus familias, tratando de explicarles que ya no estaban en el plano terrenal.

Ahora entiendo el propósito divino en mi vida. Estaba destinada a trabajar con las VIDHI. En la actualidad, seguimos comprometidos con la misión de asistir y acompañar a los familiares de estas víctimas a través de la Unidad de Victimología «Sonreír es de Valientes» A. C. Nuestra visión es convertirnos en una asociación civil con principios y valores humanos, empática, activa, ágil e innovadora, capaz de responder proactivamente a los desafíos y problemas que enfrentan los familiares de las VIDHI. Esto lo logramos mediante un equipo interdisciplinario y multidisciplinario que desarrolla proyectos adaptados a las necesidades de las VIDHI, enfatizando la pasión, el compromiso, la dedicación, la capacidad y el altruismo de nuestros miembros, todos comprometidos con el respeto a la dignidad humana de cada familiar.

Basamos nuestro trabajo en valores fundamentales como el amor, la paz, la honradez, la bondad, el respeto, la empatía, la confianza, la fraternidad, la libertad, la justicia, la responsabilidad, la solidaridad, la tolerancia y la valentía. Nos reunimos físicamente todos los viernes de 7:30 pm a 9:00 pm a través de los Círculos Armónicos de Amor y Paz (CAAP). Nuestra ubicación es en la calle Jorge Isaac #123, Colonia San Antonio, entre Aldama y Gómez Farías, Guadalajara, Jalisco. Puedes comunicarte con nosotros a través de WhatsApp al número 33-1431-4844 o en nuestras redes sociales de «Sonreír es de Valientes»: Instagram, Facebook, TikTok y correo electrónico. Será un honor recibirte y que formes parte de estos innovadores Métodos Alternativos de Sanación Holística y Ancestral (MASHA) para decir adiós con amor y recibir ayuda en tu dolorosa pérdida.

Capítulo 4
Sonreír es de Valientes

¿Qué es «Sonreír es de Valientes» y cómo aporta su granito de arena en las Víctimas indirectas en el delito de homicidio intencional (VIDHI)?

En «Sonreír es de Valientes» nos hemos dedicado a comprender y abordar al ser humano como una entidad compuesta por la unión de diversas partes: físico, mental, emocional, espiritual y social (salud holística). Si todas estas partes se mantienen saludables, el individuo también reflejará esta salud en su exterior.

Dentro de los Círculos Armoniosos de Amor y Paz (CAAP), brindamos atención a los familiares VIDHI, ofreciéndoles la oportunidad de participar en métodos alternativos de sanación holística y ancestral (MASHA) que ayudan a mitigar la pérdida de un ser querido, especialmente en casos de muertes traumáticas, repentinas y trágicas. Esto conlleva gradualmente a un aumento en la calidad de vida mediante la restauración y reconexión de su ser interior.

Emplearemos diversas técnicas, como el Yoga, la Meditación Mindfulness, la Tanatología, la Musicoterapia, la Aromaterapia, los Cuencos y Campanas Tibetanas, la Inteligencia y Resiliencia Emocional, las Herramientas de Transformación y el Empoderamiento Personal, la sanación del Niño Interior, Afirmaciones y Decretos de Amor Propio. Principalmente, centraremos nuestra atención en el presente, trabajando en la aceptación a través de rituales energéticos amorosos. Todo este proceso facilitará el cierre de un ciclo entre el fallecido y su familiar. Nuestras temáticas espirituales y de expansión de consciencia contribuirán a lograr la restauración completa del ser en todo su esplendor, en perfecta unión de la mente, el cuerpo y el espíritu.

¿Qué es la salud holística?

La salud se vincula con un estado de bienestar que abarca tanto el aspecto físico, mental, emocional, espiritual y social. La dimensión espiritual es la que proporciona energía al conjunto, permitiendo que estén en equilibrio con la naturaleza.

¿De dónde viene el concepto de salud holística?

Los inicios de esta perspectiva sobre la salud se remontan a años atrás, cuando los hechiceros sanaban a los enfermos mediante una serie de encantamientos que lograban un equilibrio entre la dimensión espiritual y física.

No obstante, la noción de salud holística como tal surge en 1946 gracias a la Organización Mundial de la Salud. Fue en ese año cuando esta entidad definió la salud como «un completo estado de bienestar físico, mental y social, y no meramente la ausencia de enfermedades o afecciones».

A partir de ese momento se profundizó en la concepción de la salud holística, hasta que en 1992 la OMS añadió la armonía con el entorno como un requisito para que el ser humano pueda considerarse plenamente saludable.

La dimensiones de la salud holística

Como previamente mencionado, la salud holística se fundamenta en la perspectiva del ser humano como una entidad compuesta por cinco dimensiones que deben mantenerse en armonía.

Bienestar físico

El bienestar físico tradicionalmente se ha considerado el único elemento válido para evaluar la salud de una persona. La salud holística no menosprecia esta faceta; de hecho, la condición física es crucial para la supervivencia humana y, por ende, requiere prácticas específicas de cuidado.

Mantener un estado físico saludable, con fuerza, vitalidad y sin enfermedades, implica una alimentación que satisfaga las necesidades corporales, ejercicio regular, un sueño adecuado, evitar sustancias tóxicas como el tabaco o el alcohol, y minimizar la exposición a toxinas.

Bienestar mental

La importancia del bienestar mental, relegada durante años a un segundo plano incluso por debajo del bienestar físico, adquiere relevancia en el enfoque holístico. En términos de salud holística, la salud mental es un proceso dinámico y nunca estático, similar a la salud física. Cambia constantemente y no puede mantenerse constante a lo largo del tiempo.

Además, la salud mental es relativa y depende de la persona, la cultura y la sociedad, careciendo de absolutismo. Más allá de esto, la salud mental abarca no solo nuestras creencias y razonamientos, sino también nuestros sentimientos y comportamientos hacia nosotros mismos y los demás.

Bienestar emocional

El bienestar emocional guarda una estrecha relación con el bienestar mental. Implica gestionar adecuadamente las emociones para preservar el bienestar mental. Para lograrlo, es esencial adoptar una relación natural y abierta con las emociones. Recomendamos expresar más nuestros sentimientos, practicar afirmaciones positivas y recurrir a técnicas como el mindfulness o la meditación.

Bienestar social

El ser humano es intrínsecamente social. Nuestras relaciones influyen en nuestras decisiones, estados de ánimo y pensamientos. La salud holística promueve la capacidad de establecer relaciones saludables y de finalizar aquellas que no lo sean.

Bienestar espiritual

Como mencionado anteriormente, el bienestar espiritual se refiere a nuestra conexión con el entorno que nos rodea. El propósito del bienestar espiritual es encontrar significado en la vida para tomar decisiones coherentes y alejarnos de personas y situaciones que obstaculicen nuestros objetivos.

¿A quién va dirigida la salud holística?

Esta concepción de la salud está dirigida a personas de todas las edades y culturas que deseen mejorar su relación con el mundo que les rodea y consigo mismos, alcanzando un nivel más profundo de autoconocimiento.

Capítulo 5
Obtención de la maestría en Criminología con el siguiente tema: influencia del «movimiento alterado» en la conducta del adolescente

Resumen

En el presente trabajo se buscó proponer una explicación sociológica sobre el fenómeno musical de los narcocorridos en el país, comúnmente referidos como el «movimiento alterado».

Se partió de la explicación del proceso de socialización del individuo, abordando un análisis de la interacción de valores operativos en el sujeto. Estos valores no fueron comprendidos desde la perspectiva tradicional de valores morales, sino desde un enfoque crítico-funcional. Esto tuvo como objetivo proporcionar al individuo criterios de elección al enfrentar conflictos. Aquí se destaca el auténtico significado de estos valores y se problematiza su inculcación por parte de la familia y la escuela. Además, se explora cómo los medios de comunicación han usurpado este rol a los actores sociales previamente mencionados.

Luego, se analizan algunas teorías sociológicas sobre la imitación y el papel que desempeña la cultura en la construcción del sujeto. Esto se hace para argumentar que la música es un medio cultural propenso a la manipulación y susceptible de ser manipulado para propagar ciertos estilos de vida y legitimarlos. Todo esto ocurre a través de su divulgación mediática y su asimilación en los jóvenes, quienes muestran empatía hacia esta forma cultural en particular, en contraste con otras como la escultura o la literatura.

En esta etapa se destaca el tipo de mensaje contenido en los narcocorridos, donde se exalta el estilo de vida asociado, el cual también se promueve a través de las redes sociales. Estas canciones son consumidas rápidamente y se distribuyen de manera amplia, lo que las hace accesibles para todos.

Posteriormente, se exploran los posibles factores que contribuyen a comportamientos antisociales, como la incorporación en el crimen organizado, el sicarismo, la labor de vigías y halcones, o la venta de drogas. Dado que es un negocio de fácil acceso, resulta atractivo para grupos con carencias sociales. Estos grupos desconfían del discurso oficial que promueve la educación prolongada y la construcción de una carrera para alcanzar el éxito. En cambio, ven factible lograr el éxito en un plazo corto y sin la necesidad de educación formal.

Introducción

Las expresiones humanas se configuran a través de diversas formas culturales como la pintura, poesía, escultura y música. En este sentido, el ser humano construye su percepción del mundo mediante estas manifestaciones. A diferencia de las demás formas artísticas, la música se destaca por su fácil accesibilidad y consumo, lo que la convierte en un medio a través del cual se desarrolla una tradición cultural que describe el estilo de vida, inquietudes y preocupaciones sociales que reflejan el espíritu en busca de su devenir.

Durante la Revolución Mexicana, surgió la necesidad de comunicar los logros de los grupos insurgentes, para difundir sus victorias militares y alimentar el movimiento. Sin embargo, la falta de alfabetización impulsó la transmisión de estas historias a través de la música, que gradualmente evolucionó hacia los famosos corridos revolucionarios.

Es evidente el rol desempeñado por los corridos durante la Revolución. No obstante, no todo permanece inmutable, por lo que su utilidad se adaptó a distintos contextos temporales y geográficos, con el propósito de expresar las inquietudes de una población que había superado la etapa revolucionaria y enfrentaba una realidad muy distinta, caracterizada por la explotación económica y el neoliberalismo político.

En un contexto de escasez, desigualdad en la distribución de la riqueza y otros desafíos sociales, los corridos comenzaron a adquirir nuevos usos. Los efectos de los sistemas políticos actuales se han traducido en amplias brechas de pobreza y marginación social, que las políticas públicas no han logrado resolver. En este sentido, muchos jóvenes provenientes de estos estratos en nuestro país no pueden satisfacer sus necesidades académicas ni siquiera las más básicas para subsistir. Además, se suma el papel crucial de los medios de comunicación en la difusión de información y la fácil disponibilidad de teléfonos inteligentes (adquiridos con deudas a largo plazo o a través de actos delictivos) por parte de este sector vulnerable. En este contexto, la música juega un papel central en la construcción de identidad. Es aquí donde surge la preocupación por la influencia de la música en el comportamiento.

Los corridos, con su nueva adaptación a este entorno, ya no transmiten los éxitos militares de los insurgentes, sino que se han convertido en una forma de exaltar el estilo de vida de ciertos grupos del crimen organizado. Este estilo de vida abarca desde posesiones materiales obtenidas hasta su cosmovisión sobre comportamientos anómalos, los cuales son considerados como medios para alcanzar sus objetivos.

¿Qué son y cómo surgen los corridos?

El corrido representa una narración musical descriptiva de acontecimientos verídicos que tienen lugar en contextos específicos dentro de nuestra sociedad.

Dado que el corrido es un medio de expresión arraigado en la tradición oral, se le considera un ente complejo y polifacético. Su «complejidad» radica en su dinámica y su naturaleza volátil, ya que se transmite de manera cantada y memorizada, lo que lo convierte en un elemento mutable y adaptable a distintos escenarios y circunstancias. La «polifacética» naturaleza del corrido se manifiesta en la diversidad de elementos que lo rodean, tales como mensajes diversos, posturas variadas, estilos musicales y características regionales específicas, los cuales otorgan singularidad al fenómeno en cada área de análisis. (LiraHernández, *El corrido mexicano: un fenómeno histórico-social y literario*, 2013)

El corrido popular mexicano adquiere relevancia como manifestación lírica y social, cuyos orígenes pueden rastrearse en la época de la Revolución mexicana de 1910. Durante este período, se crearon composiciones que, acompañadas de música en forma de balada, relataban los movimientos, eventos, victorias y derrotas de dicho movimiento revolucionario. Estos corridos se convirtieron en una fuente de inspiración en honor a los protagonistas de las hazañas. Un ejemplo de estos primeros registros, pertenecientes al siglo XIX, se relaciona con el movimiento independentista liderado por Miguel Hidalgo y Costilla.

En la década de los setenta, los corridos tradicionales evolucionaron para dar paso a los narcocorridos, corridos de mafia y de contrabando. La Real Academia Española define «contrabando» como el comercio de bienes prohibidos por las leyes, realizado por individuos particulares. En las canciones conocidas como narcocorridos, el enfoque principal recae en el narcotráfico y el tráfico de sustancias ilícitas. Para comprender este estilo, ejemplos populares en nuestra sociedad son los Tigres del Norte y los Tucanes.

En el caso de los Tigres del Norte, canciones como *Camelia la texana* y *Pacas de a kilo* narran de forma descriptiva este tipo de comercio ilegal. Otro popular ejemplo es el corrido de los Tucanes de Tijuana, titulado *Mis tres animales*, que alude al consumo de ciertas drogas comerciales a través de metáforas donde los animales representan tipos específicos de drogas, incluso estados físicos derivados del consumo.

Otra variante de este subgénero es el «corrido alterado» o «corrido enfermo», en el cual es frecuente encontrar un lenguaje con connotaciones violentas o sanguinarias. Los intérpretes del Movimiento Alterado incluyen a El Komander (figura principal), Los Buitres, Larry Hernández, Noel Torres, Oscar

García, Buchones de Culiacán, Buknas de Culiacán, Los Primos, Erik Estrada y El RM, entre otros. Aunque cada uno de estos cantantes o grupos ya gozaba de cierta popularidad en Sinaloa, fue en 2009 cuando alcanzaron notoriedad nacional e internacional. En dicho año, los Cuates Valenzuela Rivera, Omar y Adolfo, establecieron el Movimiento Alterado. (Barragan, 2013)

La fuente de inspiración para estas historias proviene principalmente de México, donde la violencia perpetrada por grupos criminales organizados ha desempeñado un papel fundamental. Su rápida expansión territorial y aumento de poder se reflejan en su estilo de vida, que se manifiesta a través de este género musical. Se ha especulado que los autores de estos corridos solicitan permiso a los grupos delictivos para escribir sobre sus hazañas. Tal es el caso de la canción emblemática de este género, *Sanguinarios del M1*, lanzada en 2011 en honor al narcotraficante y sicario sinaloense Manuel Torres Félix, alias El Ondeado. El video de esta canción ha sido visto casi 19 millones de veces en YouTube. Junto con su hermano, Javier Torres Félix, alias «JT», desempeñaron papeles prominentes en el cártel de Sinaloa, bajo los líderes «Mayo» Zambada y «Chapo» Guzmán. Javier Torres Félix era la mano derecha de Zambada; en la actualidad, este último se encuentra detenido en algún lugar de Estados Unidos, mientras que Manuel Torres Félix fue asesinado en 2012 por las fuerzas armadas.

Es crucial establecer las bases socioculturales y económicas de este fenómeno, ya que comprender la exaltación del estilo de vida del crimen organizado requiere desentrañar gradualmente esta compleja trama. Debemos comenzar con la socialización del individuo y avanzar hacia la abstracción del discurso, explorando el papel de los medios de comunicación y el fenómeno del consumismo, para finalmente analizar los factores sociales de riesgo, como la pobreza y la vulnerabilidad, que caracterizan al sector afectado por esta situación. Por lo tanto, iniciaremos nuestro análisis con el proceso de socialización del individuo.

El individuo y la socialización

La socialización es un proceso mediante el cual un individuo se adapta y se le proporcionan herramientas sociales y psicológicas funcionales con el propósito de que se ajuste a las normas establecidas y los marcos de referencia sociales para su desarrollo dentro de la sociedad. Los contextos culturales, como la familia (valores y criterios morales), la religión (valores universales humanos) y la economía (valores y herramientas de supervivencia y desarrollo laboral), proporcionan el entorno cultural necesario para que el individuo dé sentido a su vida.

La integración de un individuo en la sociedad puede describirse desde dos perspectivas: objetivamente, como la influencia que la sociedad ejerce en el individuo, moldeándolo y adaptándolo a las condiciones de la sociedad; y subjetivamente, como la respuesta del individuo a la sociedad. El proceso de socialización es la forma en que los miembros de una comunidad aprenden los modelos culturales de su sociedad, los internalizan y los convierten en sus propias reglas personales de vida.

Aunque históricamente la familia ha sido el principal agente de socialización en la vida del individuo, los cambios sociales provocados por la industrialización y la modernización han reducido su relevancia. Esto ha dado lugar a una mayor influencia de otros agentes de socialización, como los grupos de pares, el sistema educativo y los medios de comunicación masivos (Diverio, 2006).

Desde la perspectiva de autores clásicos como Aristóteles y contemporáneos como Gutiérrez Sáenz y Joel Feinberg, e incluso desde la teoría del «bien común» de Christian Felber, se podría afirmar que el hombre moderno carece de cierta sensibilidad empática en su educación moral y social. Esto se refleja en el comportamiento individualista, la visión de abundancia de recursos y la cosificación cultural. Los servicios y la mano de obra del individuo se han convertido en cosas comprables y han demostrado ser, a través de la historia, la evidencia *a priori* de que todo tiene un precio monetario. La apatía política del individuo, influenciada por factores político-económicos, la pobreza y las necesidades sociales, lleva a que el hombre viva sin una conexión consciente o ética con su entorno.

De esta manera, los actores sociales deben desempeñar un papel en la coordinación, implementación y reproducción de principios operativos a lo largo de la socialización del individuo. Los valores operativos internalizados deben ser transmitidos por la familia, respaldados por la educación escolar y perpetuados en las costumbres sociales que el individuo interpreta y asimila. Estos valores proporcionarán al individuo criterios de decisión al enfrentar conflictos personales o con su entorno, ya sea social, político o cultural.

Dentro de los valores operativos, los valores estéticos desempeñarán un papel fundamental. El individuo aprenderá reglas y criterios a través de manifestaciones artísticas. Por ejemplo, en la música, el individuo entenderá los requisitos que deben cumplirse en ciertas melodías, categorizando estilos y comprendiendo el nivel estético de las formas musicales. La infancia y la adolescencia son momentos clave para la asimilación de paradigmas sociales competentes. Si se adquieren estos criterios estéticos en la madurez, el individuo podrá reconocer fácilmente el nivel estético de lo que escucha y evaluar si se cumplen, se contradicen o no están presentes en las manifestaciones musicales. Es innegable que expresamos nuestras emociones en melodías, pero sería más razonable hacerlo con criterios definidos.

Esta propuesta ética deontológica sobre los valores operativos se menciona con el fin de resaltar las ideas planteadas por Rousseau en su teoría política acerca del individuo histórico. Este individuo es definido como alguien que requiere reglas y contextos sociales para desarrollarse, pero que, mediante la educación, puede adquirir un criterio propio para tomar decisiones más racionales. No obstante, parte de la crítica al exceso de consumo de narcocorridos parece indicar una falta de criterios racionales, ya que la enseñanza estética no ha sido proporcionada ni por la familia ni por la escuela.

La música, como manifestación cultural, refleja el sentir de una sociedad y contribuye a su identidad y cosmovisión. Aunque todas las manifestaciones culturales cumplen con este propósito, la música destaca especialmente en términos de difusión y consumo. En diversas situaciones, la música influye en nuestra conducta sin que siempre seamos conscientes de ello. Por ejemplo, las aerolíneas emplean música relajante para mitigar el estrés de los pasajeros durante y después de los vuelos, mientras que los hipermercados alemanes utilizan música ambiental relajante para aumentar sus ventas.

El caso conocido de Georgi Lozanov, creador del método de aprendizaje acelerado, demuestra cómo la música clásica puede estimular cognitivamente el proceso de aprendizaje. Este método ayuda a superar temores, inhibiciones y favorece la creatividad. Jon E. Illescas ha argumentado que muchos productos audiovisuales, incluyendo los narcocorridos y otros géneros musicales, a menudo promueven contravalores como la agresividad, la violencia, el lenguaje ofensivo, la competencia desmedida, el individualismo posesivo, la hipersexualización de las relaciones y la cosificación del ser humano, entre otros.

Estas tendencias no se limitan únicamente al movimiento alterado, sino que también se encuentran en diversos géneros musicales. Por ejemplo, en la canción *Super Bass*, se hace referencia a situaciones relacionadas con el consumo de drogas. Del mismo modo, la canción y el videoclip controvertidos de Nicki Minaj presentan agresividad, drogas, sexo, jerarquía y culto al dinero, reflejando las nuevas tendencias en videoclips de gran consumo. La canción *Pour It Up* de Rihanna también exalta el dinero y la jerarquización social, con una representación altamente sexualizada.

La adolescencia es una etapa crucial para la formación de la identidad de una persona. Si se expone a episodios de agresión e impulsividad, puede desarrollar conductas violentas que afecten su futuro estilo de vida. Es común observar un uso excesivo de alcohol y drogas, así como la imitación de artistas y sus modas, lo que puede resultar en la creación de estereotipos o modelos a seguir.

Durante esta etapa, los adolescentes buscan su identidad y adoptan modas u objetos como rituales para construir su visión del mundo. Todo lo que los medios les ofrecen se convierte en material potencial de imitación. La música, como medio de influencia social, ha evolucionado a lo largo de los años y presenta una diversidad de géneros para satisfacer diferentes gustos. Los adolescentes imitan a sus «modelos» favoritos, adoptando sus conductas, comportamientos y actitudes. En el año 2023, se destaca la popularidad de un cantante llamado «peso pluma», quien es ídolo de miles de niños y adolescentes. Estos jóvenes imitan su apariencia, canciones y estilo de baile. En un caso extremo, un niño de 11 años, ferviente seguidor del cantante, llegó al punto de quitarse la vida debido a la prohibición de escuchar la música de su ídolo y de vestirse como él.

Desde un enfoque terapéutico, se han llevado a cabo estudios que indican que la exposición a ciertos géneros musicales como el rock duro o el heavy metal puede generar en los oyentes sensaciones de inquietud, nerviosismo, agresividad e incluso problemas físicos como desórdenes cardiovasculares. Algunos grupos de rap y heavy metal utilizan una combinación de ritmos agresivos y letras violentas para estimular impulsos destructivos, lo cual podría tener consecuencias graves en los adolescentes. Consumir música con contenido violento a menudo se relaciona con la visualización de videos musicales brutales, lo que podría influir en los jóvenes y llevarlos hacia conductas delictivas (Ruiz, 2003).

Este es el caso de los corridos del movimiento alterado, que ejercen un impacto significativo en la juventud actual. Las letras de estas canciones abordan temas como el desamor, la infidelidad, el consumo de drogas, el uso de armas y la pertenencia a organizaciones criminales o al narcotráfico. Resulta preocupante que los jóvenes puedan recitar de memoria este tipo de letras sin comprender plenamente las implicaciones de cantar tales frases.

A modo de ejemplo, las quinceañeras ahora celebran con «narcovals». La tradición del vals clásico está cediendo terreno. Los quince años son un momento especial en la vida de una mujer y suelen ser motivo de celebración en muchas familias. Sin embargo, en algunas ocasiones, se deja de lado la inocencia de esta temprana edad para dar paso a una cruda realidad.

En un video captado desde el celular de un asistente, se puede observar a un grupo de jóvenes vestidos de negro y con capuchas, portando armas que incluyen pistolas y rifles AK-47, formando un semicírculo. En esta escena, reciben a dos adolescentes vestidas elegantemente con trajes de colores rosa mexicano y amarillo, quienes descienden de una limusina blanca y se dirigen a la pista de baile. Allí, comienza a sonar el narcocorrido de Javier Rosas *En la sierra y la ciudad*, que se baila como un vals.

Esta nueva modalidad de celebración es cada vez más común. Es notable que las jóvenes en nuestra sociedad actual aspiren a ser novias de individuos vinculados al narcotráfico.

Es evidente que la familia ha sido desplazada por otro influyente y omnipresente actor social, que desempeña el papel de transmisor de ideas y paradigmas. Estas influencias parecen favorecer a ciertos grupos de poder, como la industria y la política.

No podemos ignorar el hecho de que la familia es fundamental en la formación de valores. Sin embargo, es importante reconocer las presiones a las que esta institución social ha estado sometida, lo que ha resultado en una pérdida de capacidad para inculcar valores y normas en sus miembros. La necesidad de emplearse en jornadas laborales extensas ha dejado a los padres con poco tiempo para interactuar con sus hijos, lo que afecta negativamente la calidad de la crianza familiar.

El impacto de los medios de comunicación puede ser inmediato y contundente, pero en general, la respuesta del receptor a los mensajes es gradual y sutil. A medida que aumenta la exposición a programas de televisión, la navegación en Internet y otros medios audiovisuales, el impacto en el consumidor se intensifica, sin importar si se trata de un niño o un adulto (Vega, 2012).

Los medios de comunicación constituyen una de las industrias más poderosas a nivel mundial. Utilizan un lenguaje cautivador, bien pensado y adaptado a diferentes sociedades, en una plataforma que engloba entretenimiento, cultura, noticias, deportes y educación. A través de una amplia gama de mensajes, su objetivo primordial es promover la venta de productos o servicios. No podemos afirmar que un único factor en la vida de una persona pueda transformar por completo su comportamiento. Más bien, es la suma de múltiples factores lo que influye en ello, ya que, así como existen mensajes negativos, también se presentan mensajes positivos. Por lo tanto, podemos inferir que bajo estos preceptos y factores socioeconómico-políticos se desarrollan las consecuencias lógicas de esta dinámica.

El consumismo y los medios de comunicación

Una característica inherente al sistema económico y al actual patrón de consumo es la generación de necesidades artificiales. A través de publicidad constante y otras tácticas persuasivas, se logra cautivar a las personas en el ciclo vicioso del consumo, del cual es sumamente difícil liberarse una vez se entra en él. Una vez inmerso en el «espectáculo del consumo», el individuo se enfrenta a una incesante variedad de productos, anuncios, ofertas y oportunidades, que abruman sus sentidos con luces, sonidos e imágenes, haciendo que sea arduo resistirse a adquirir alguno de los productos presentados. El fenómeno del consumismo se basa cada vez más en deseos en lugar de necesidades. Sin embargo, el acto de consumir en la actualidad no se limita a satisfacer necesidades o deseos, sino que también opera como un medio para establecer diferencias entre individuos, exacerbando aún más el sistema de estratificación social que prevalece en nuestra sociedad contemporánea (Ventura, 2013).

El consumidor moderno, imbuido en este patrón, llega a asociar la cantidad de adquisiciones con su nivel de felicidad… lo cual fomenta la creación de necesidades artificiales. Cuando el marketing introduce un nuevo producto que simboliza estatus o reconocimiento social, el individuo construye una necesidad por poseerlo. Si la felicidad de alguien se encuentra arraigada en la posesión de ciertos objetos materiales, como automóviles lujosos, mansiones, marcas de ropa ostentosas y, especialmente, el dinero, es probable que recurra a prácticas ilegales. Una estrategia para alcanzar esto podría ser involucrarse en actividades delictivas, que prometen un beneficio económico a corto plazo y, a su vez, generan una ilusión de éxito personal. Bajo esta perspectiva, el individuo logra satisfacer su «necesidad».

Adorno introduce el concepto de cosificación, el cual establece una conexión entre el ser humano, el objeto material y su significado social en relación con los medios de producción. Esto implica una interacción compleja de factores que influyen en la percepción social, moldeando la construcción de la identidad social y el *statu quo* del consumidor a través de una lógica dialéctica: mientras más se obtiene, mayor es la sensación de felicidad, basada en lo que los objetos consumidos representan.

En consecuencia, la formación del individuo moderno se ve moldeada tanto por su entorno familiar como por los medios de comunicación, que promueven paradigmas de consumo e identidad en consonancia con los medios de producción, con miras a lograr éxito y aceptación social a través de bienes materiales y su connotación social. Así se establece y legitima la lógica del consumo.

La ecología humana, la relación individuo-comunidad y la interpretación como elemento crucial en la comunicación son los objetos centrales de esta corriente. Herbert Blumer, quien acuñó el término «interaccionismo simbólico» en 1938, establece sus premisas fundamentales:

1) Las personas actúan en relación con los objetos en su entorno e interactúan con otros individuos basándose en los significados que asignan a dichos objetos y personas, es decir, a través de símbolos.

2) Los significados son construcciones sociales, principalmente producto de la comunicación, la cual juega un papel fundamental tanto en la formación individual como en la generación colectiva de significado. El signo material activa este proceso y el significado social influye en la construcción de comportamiento.

3) Las personas eligen, organizan, reproducen y transforman los significados a través de procesos interpretativos, influenciados por sus expectativas y objetivos (Baratta, 1986).

El interaccionismo simbólico postula que el ser humano se forma a través de las interacciones sociales en su entorno, lo que implica que las influencias externas desempeñan un papel crucial en la formación del individuo. Otro aspecto explorado por el interaccionismo simbólico es la manera en que los signos adquieren significado para el individuo, cómo los representa y cómo los interpreta. Un ejemplo ilustrativo de esto se encuentra en la música del género alterado en nuestro país, donde símbolos como la música, la moda y ciertos elementos colectivamente simbolizan el estilo de vida de un narcotraficante o individuo ligado al crimen organizado. Esto incluye elementos como automóviles lujosos, dinero y poder. Estas representaciones y significados contribuyen significativamente a la definición de la identidad del individuo.

Partimos de la premisa de que el ser humano constantemente busca su identidad, y según el interaccionismo simbólico, grupos como el crimen organizado proporcionan una identidad a individuos con escasos criterios. Para evitar la laboriosa tarea de construir su propia identidad, el individuo adopta los criterios preestablecidos por estas organizaciones criminales, que le brindan una identidad lista para usar. Por lo tanto, podemos inferir que cuanto menos criterios sociales posea un individuo, mayor será su susceptibilidad a símbolos preconstruidos y que los medios de comunicación promueven ampliamente para que el individuo encuentre su identidad.

El aprendizaje por emulación u observación de estereotipos es un proceso identificado por teóricos del aprendizaje, en el cual una cantidad considerable de aprendizaje ocurre sin necesidad de refuerzos directos, ya sean positivos o negativos. Los individuos observan cómo otros responden a situaciones específicas y los resultados que obtienen al comportarse de cierta manera, luego imitan esos comportamientos cuando se encuentran en situaciones similares. Este proceso de emulación es la forma en que los individuos aprenden observando el comportamiento de otros y sus consecuencias.

La imitación ha sido crucial en la adaptabilidad humana, desde los primeros homínidos hasta el Homo sapiens, permitiendo la supervivencia de la especie. Además, los estímulos visuales y su refuerzo han llevado a que los jóvenes imiten ciertos comportamientos, influenciados por la música y su reinterpretación en estilos de vida anómalos justificados por la acumulación de bienes y riqueza. Es plausible considerar que el aprendizaje por estereotipos en estrategias de marketing es una forma efectiva de seducir al individuo, al influir en su mente con imágenes que promueven la repetición de dichos comportamientos.

En este contexto, la amplia difusión y aceptación de los videos musicales juega un papel fundamental en la transmisión de conductas y métodos sociales para adquirir bienes y reinterpretar su significado. Esto impacta especialmente en la formación de la identidad de individuos en sectores vulnerables y, en algunos casos, menos vulnerables. El fácil acceso y la alta aceptación hacen que la construcción de la identidad de estos individuos se propague de manera viral, ya que los métodos intuitivos (rápidos y simples) para adquirir bienes, poder y reconocimiento son necesidades universales que esta música parece satisfacer de manera inmediata.

El «movimiento alterado» en el imaginario colectivo

Dentro del movimiento alterando originado en el norte del país, se pueden observar las características previamente mencionadas. Además, este movimiento representa el «esfuerzo» de la clase media baja, la cual aparentemente se enorgullece del rápido ascenso a una posición social más alta. Junto con esto, existe una difusión pública a través de videos que muestran un estilo de vida excéntrico y bienes surrealistas. Estos elementos sirven como un mensaje con connotaciones profético-religiosas sobre cómo alcanzar la felicidad. A través de los recursos adquiridos, muchos logran mejorar la situación económica de sus familias y amigos cercanos, lo que amplía la justificación de sus acciones. Sin embargo, solo se satisface este aspecto, mientras que otros aspectos sociales, como la educación y los valores culturales, son relegados y ya no se consideran útiles, siguiendo el principio de adaptación y evolución del darwinismo social.

La música siempre ha desempeñado un papel crucial en el aprendizaje y la cultura, llegando a influir en las costumbres y emociones. En numerosas ocasiones, la música forma parte inherente de la tradición de un país o región. La música actúa como un punto de referencia magnífico para la identificación de los seres humanos, tanto a nivel social como individual. Cada lugar geográfico, contexto histórico, ambiente social y psicológico tiene su propia musicalidad distintiva, la cual está estrechamente ligada a su idiosincrasia y personalidad (Carrillo, 2015).

El movimiento alterando, junto con la narco-cultura, ha permeado en la mentalidad de muchos adolescentes, al punto en que aspiran a pertenecer a los cárteles con el objetivo de obtener autos lujosos, fama, reconocimiento, armas, dinero, mujeres y drogas. Los jóvenes son reclutados para tareas como el resguardo de propiedades, el transporte de pequeñas cantidades de droga hacia Estados Unidos, el rol de halcones e incluso, en el peor de los casos, como sicarios para ejecutar a los enemigos de sus líderes. También son enlistados como «aventadores», término que se utiliza para referirse a los vendedores minoristas de droga. Ellos se encuentran en la base de la jerarquía, desempeñando labores de vigilancia, transporte de drogas y venta minorista. Ocasionalmente, también son empleados como choferes.

> *Lo que se transmite literalmente de generación en generación «es un genoma y un segmento del mundo». Ambas cosas constituyen un sistema en desarrollo, en cuyo despliegue, a través del ciclo vital del organismo, la forma emerge y se sustenta. [...] Esta proposición [implica] que los organismos humanos crecen en un mundo social y desempeñan un papel en la construcción de la historia. (J.A. Bergua Amores, 2005, p. 262).*

En lugares como Ciudad Juárez, por ejemplo, se presentan situaciones que evidencian la influencia del narcotráfico entre los adolescentes. Tal es el caso de una escuela secundaria donde los estudiantes imitan sus prácticas: a pesar de tener solo 13 y 14 años, afirman pertenecer a La Familia. Dentro de la secundaria, han conformado un grupo de unos 20 jóvenes que han tomado control de los pasillos, patios, baños y la seguridad escolar, a cambio de una «cuota» diaria de entre 1 y 7 pesos. Inicialmente, extorsionaron a los profesores y posteriormente a sus compañeros. Este fenómeno se intensifica en comunidades caracterizadas por altos niveles de marginación y pobreza, así como en estados con una fuerte presencia de la delincuencia organizada. En estos lugares han surgido destacados líderes del crimen, buscados no solo por las autoridades mexicanas, sino también por la Agencia Antidrogas de Estados Unidos (DEA). La «heroicidad» de estos líderes se exalta a través de diversas expresiones culturales y artísticas, como los narcocorridos y las series de televisión.

El sitio movimientoalterado.com ejemplifica la organización de este género musical. Ofrece secciones de moda, compra de música y mensajes de fanáticos. Uno de los banners invita a niños de entre 8 y 14 años a enviar sus demos para que el Komander seleccione cuál grabará. Es evidente que existe una intención de manipular y crear un ambiente que no sea hostil hacia estas expresiones. El aparato publicitario, promocional y de marketing (probablemente autofinanciado) que emplea el crimen organizado para atraer a los más vulnerables es impresionante en términos de calidad, diseño y eficacia. Mientras esto ocurre, el ciudadano continúa resguardado en su hogar, esperando que «alguien» tome acción. La lamentable realidad es que «alguien» está llevando a cabo una labor muy hábil de promoción de la delincuencia; «alguien» está dejando huellas en todo el país sobre el triunfo de la violencia; «alguien» está generando constantemente casos de éxito que los medios de comunicación ansían replicar. «Alguien» cuenta con el respaldo de compañías del mundo del entretenimiento consideradas «respetables», colaborando para arraigar en lo más profundo de la sociedad la cultura de los antihéroes, la violencia, la corrupción y la decadencia. El crimen brinda a estos jóvenes recompensas, reconocimiento y dinero que no encuentran legalmente en la sociedad.

Los medios de comunicación en la construcción de un solo pensamiento

La sociedad industrial avanzada genera necesidades ficticias que vinculan al individuo con el sistema existente de producción y consumo, todo ello canalizado a través de los medios de comunicación masiva, la publicidad y el sistema industrial. Estos individuos presentan un encefalograma plano, sin posibilidad de crítica u oposición a lo establecido. La «paranoia interiorizada a través de los sistemas de comunicación masiva» los lleva a un mundo prefabricado lleno de prejuicios y opiniones preconcebidas. Nuestra privacidad se ha visto invadida por la tecnología, trascendiendo las necesidades básicas.

El modelo de pensamiento y comportamiento unidimensional del ser humano se vende como parte de un sistema social ideal, fomentando actitudes y hábitos. Los productos adoctrinan y manipulan, dando paso a una falsa conciencia (Marcuse, 1993).

En su obra *El hombre unidimensional*, Herbert Marcuse hace referencia a la existencia de una única dimensión social. Aborda de manera crítica la sociedad y discute la manipulación de los medios de comunicación. Sostiene que estos están al servicio de la élite del poder, la cual busca homogeneizar el pensamiento, eliminando sus singularidades y pluralidades para unificarlo. Su objetivo es anular la capacidad crítica del individuo y lograr que adopte un único pensamiento y creencia social, evitando así cualquier revolución. Un ejemplo es que el individuo llegue a creer que los medios de comunicación son la única y absoluta verdad.

El enfoque crítico es incómodo para el discurso del poder político-económico, ya que promueve la educación discursiva y crítica del individuo hacia una emancipación cultural. Esto permitiría al individuo generar su propia cultura, junto con sus conflictos y crear nuevas reglas y paradigmas sociales que no sean impuestos desde arriba. Por ello, la Escuela de Frankfurt desarrolla métodos críticos destinados a la cultura, que ha sido objetivada y replicada por individuos manipulados por un único discurso. Estas normas y valores se orientan aparentemente hacia el bien común, pero en realidad solo benefician a ciertas élites, mientras que el bien común recibe placebos intrascendentes sustituibles por otros también generados por el mismo discurso.

> *[…] cine, revistas, y radio sumados del auge de la televisión y del Internet de nuestro siglo, en la modernidad estos medios ya no necesitan darse como arte, ahora son un negocio, se autodefinen como industrias que constituyen un sistema, este sistema —el de la industria cultural— se relaciona a su vez con otras industrias, le ofrece publicidad a cambio de dinero, he ahí el negocio, el monopolio cultural (Carlos Antonio Villa Guzmán, 2013).*

Theodor Adorno critica la masificación de la cultura. En otras palabras, el ser humano se ha vuelto menos accesible a la cultura, lo que ha impedido la construcción de sus propios criterios incluso para la elección de sus ideales. Esto resulta en una pérdida de libertad, ya que el individuo queda constantemente condicionado por factores externos.

En conexión con el interaccionismo simbólico, el individuo carece de criterios sociales, aparentemente debido a la falta de oportunidades para desarrollarse. La educación, los medios de comunicación y las instituciones gubernamentales contribuyen a una uniformidad del conocimiento y la conciencia social. En otras palabras, construyen y transmiten la cultura, mientras que los individuos simplemente la reproducen.

La cultura mediática ha evolucionado en una máquina que socava el razonamiento y el pensamiento. La cultura, la publicidad y la diversión industrializada manipulan y estandarizan las mentes. Se anticipó que la cultura «lista para consumir» debilitaría la capacidad de usar la razón de manera crítica. En ámbitos como la moda y el entretenimiento, la fugacidad de imágenes y la seducción de los medios de comunicación desestructuran el pensamiento. El consumismo superficial infantiliza a las masas y la música violenta y no verbal socava la razón. Las industrias culturales están llenas de estereotipos, la televisión embrutece y fabrica individuos alienados que buscan dinero, poder y reconocimiento de manera intuitiva y a corto plazo. La superficialidad se convierte en la verdad histórica de la era de la seducción generalizada.

Para profundizar en este tema, es esencial explorar y replantear el concepto de movimiento alterado. Este término se refiere a una corriente musical surgida en el norte del país como respuesta a la violencia. Estas canciones glorifican la vida y las acciones violentas de individuos ligados al crimen organizado. Esta tendencia ha crecido y ahora abarca no solo canciones y videos musicales, sino también películas, fotografías y diversos productos que promueven este estilo de vida. Se trata de un sistema de propaganda cultural donde el acceso y consumo se dan a través de los mecanismos mencionados por los críticos de la masificación de la cultura y la alienación del individuo.

En las «canciones alteradas», las letras connotan violencia, con palabras como «hacer sufrir a los enemigos», «volando cabezas», «degollar», «ejecutar», «levantón», «sanguinarios», «locos», «ondeados» y referencias a diversas armas, entre otros. También existen las «canciones arremangadas o fiesteras», que aluden a una vida lujosa con autos, viajes, dinero, ropa de marca y mujeres, incluyendo a artistas famosas, así como el consumo de alcohol y drogas. Este estilo de vida alterado se manifiesta en todas las facetas, desde el trabajo hasta la celebración.

Este fenómeno relacionado con el movimiento alterado tiene el poder de influir y manipular la percepción de aquellos que aspiran a una vida de ostentación y poder. Los medios de comunicación desempeñan un papel fundamental en la propagación de estos comportamientos y estereotipos, como se mencionó anteriormente.

Ricaurte señala que los narcocorridos son difundidos por los medios de comunicación, que actúan como referentes de opinión y verdad para la población, lo que aumenta su propagación y aceptación entre los jóvenes.

Hoy en día, el problema del narcotráfico es central en los medios, con secciones especiales en noticias, revistas y periódicos que abordan enfrentamientos, detenciones, muertes y cómo atrae a los jóvenes mexicanos como fuerza de trabajo. Aunque antes era más sencillo, obtener información sobre el narcotráfico se ha vuelto más peligroso para los periodistas debido a la creciente violencia en el país. Ricardo Ravelo, en la conferencia «Narco y prensa», afirma que las fuentes de información para los reporteros se agotan debido a esta violencia. «Hoy en día, estas fuentes, si es que aún hablan del tema, proporcionan documentos y datos, pero piden no ser citadas», según Ricouarte (2010).

El mundo de la comunicación se ha visto inmerso en el fenómeno del narcotráfico. A medida que la inseguridad en nuestro país aumenta día tras día, esta problemática afecta a todos, pero especialmente a aquellos que están más conectados con este medio, como los comunicólogos, comunicadores o periodistas. Su principal función es revelar la verdad y presentar las noticias verdaderas, informándonos sobre los eventos más relevantes. Por esta razón, se encuentran en la posición de interactuar con el narcotráfico.

En la actualidad, las noticias más prominentes están relacionadas con el narcotráfico, incluyendo tiroteos, secuestros, personas fallecidas y actos de violencia. Los comunicadores tienen la responsabilidad de compartir estos sucesos, mientras que los periodistas los investigan, a menudo poniendo en riesgo sus vidas.

Al analizar ciertas piezas musicales, es posible identificar formas y figuras metafóricas que aluden a métodos de grupos criminales. Por ejemplo, se pueden encontrar referencias a secuestros, desapariciones y al tipo de armas o herramientas empleadas en estas actividades. Un ejemplo de ello es la canción *Sanguinarios del M1*.

En otro sentido, en relación con el estilo de vida, es posible percibir insinuaciones subliminales en una canción como *Fiesta en la playa* de Alfredo Ríos, alias el Komander, donde se destaca una visión objetivada de la mujer, y el consumo excesivo de alcohol y drogas se presenta como formas de diversión y exaltación de los logros obtenidos a través de actividades delictivas para acumular capital.

Desde una perspectiva de sociología crítica y las teorías mencionadas, obtenemos una visión macrosociológica del fenómeno de la imitación y adaptación de comportamientos. Comprendiendo el papel de los medios de comunicación en alienar a los individuos y debilitar su capacidad crítica, haciéndolos susceptibles a la influencia de ideas irracionales, se puede entender externamente el riesgo de predisposición hacia comportamientos antisociales. Sin embargo, es necesario abordar los aspectos endógeno-sociales para comprender los factores que en ciertos casos podrían desencadenar conductas antisociales. Aquí se intenta elucidar las vulnerabilidades macrosociales: la pobreza y la desigualdad.

Factores sociales predisponentes de la violencia: pobreza y desigualdad

El fortalecimiento de los grupos dedicados al narcotráfico y el incremento de la violencia en la sociedad han encontrado su origen en un malestar social más profundo en México: la pobreza y la desigualdad social. Estos dos fenómenos en el país, sumados al desempleo y al subempleo, crean un entorno propicio para que los grupos delictivos recluten a personas que carecen de otras fuentes de ingresos y tienen recursos limitados, al ofrecerles oportunidades económicas escasas en otros ámbitos (Estrada Pérez, 2012).

La desigualdad económica provoca que los jóvenes alberguen sentimientos de desesperanza en relación con la estabilidad económica de sus familias, lo cual está estrechamente ligado a la satisfacción de sus necesidades personales. Esto se debe a la existencia de un nivel de vida insuficiente, así como al desempleo tanto de los padres como de los propios jóvenes debido a su corta edad y falta de capacitación profesional. Estos factores hacen que los jóvenes opten por buscar lo que necesitan para vivir de acuerdo con sus expectativas a través de la opción más cercana y rápida disponible: cometer actos ilícitos. Inicialmente, estos pueden ser delitos de hurto y robo, que posteriormente pueden evolucionar a delitos de lesiones debido a la defensa de territorios. De esta manera, se desencadena una cadena de actos delictivos cometidos por un individuo que tuvo su inicio durante la adolescencia. Es importante señalar que este fenómeno también se presenta en niveles económicos más altos. En tales casos, la riqueza no es necesariamente un objetivo deseado, sino que puede facilitar la comisión de actos ilícitos o hacer que el joven con una mentalidad «anómica» crea que el estatus económico de sus padres le otorga cierta inmunidad.

Así, se puede afirmar que el factor económico es significativo, pero su influencia está relacionada con otros factores de importancia. Sería necesario realizar un análisis más profundo para comprender cómo estos factores se interconectan. En un artículo como este, solo se puede mencionar brevemente, ya que explorar la relación entre los factores predisponentes y su posible entorno requiere un discurso más detallado y exhaustivo. A pesar de estas limitaciones técnicas, es importante destacar que existe vulnerabilidad tanto en los grupos sociales con las carencias previamente mencionadas como en las clases más privilegiadas. Por lo tanto, el análisis de los factores predisponentes permanece abierto a futuros debates y reflexiones criminológicas, pero no debe dejar de considerarse como indicadores que merecen una mayor búsqueda e investigación.

Conclusiones

El corrido ha resurgido como una de las expresiones populares más accesibles para las personas, aunque en esta ocasión está acompañado de violencia, delincuencia y la glorificación del estilo de vida criminal. Es importante señalar que los principales consumidores de esto son jóvenes con ciertas características sociales, como se mencionó anteriormente, lo que está teniendo un impacto significativo en nuestra sociedad. El narcotráfico es tan conocido que incluso los niños y adolescentes han incorporado algunas frases en sus juegos y conversaciones diarias.

Las vulnerabilidades de los jóvenes frente a este fenómeno están relacionadas con los factores que hemos analizado, como la formación de identidad (proceso de socialización) que está evolucionando hacia la búsqueda de un propósito en la vida. Esta búsqueda está influenciada por otros factores de vulnerabilidad, y cuando se justifica la unión a las organizaciones criminales, se argumenta que estas decisiones son válidas debido a la falta de oportunidades para su desarrollo. Parece haber otro tipo de reclutamiento que involucra a jóvenes de clases altas en actividades anómalas, donde la impunidad se utiliza para llevar a cabo delitos como lavado de dinero o malversación de fondos por parte de la clase política o empresarial, lo que favorece la desviación de la conducta. Sin embargo, esta es una cuestión que requeriría un análisis separado debido a la complejidad de los factores involucrados. Aquí nos enfocamos únicamente en la vulnerabilidad económica y marginal causada por el entorno social, político y económico.

Es crucial abordar este tema para identificar y contrarrestar los factores que debilitan a los jóvenes. La música del movimiento alterado no es solamente un problema a nivel nacional, sino que también se ha manifestado en otros países. No obstante, es relevante mencionar que en México ha aumentado la atracción por este tipo de música, que se ha vuelto muy popular.

El gobierno enfrenta una situación extremadamente compleja al intentar combatir el narcotráfico. La economía del país está fuertemente ligada a este fenómeno, considerando que el narcotráfico ha buscado aumentar su popularidad y ganarse la confianza de la gente en comunidades marginadas, donde las iniciativas gubernamentales no han tenido éxito.

Estas actitudes permiten que ciertos grupos de la sociedad cambien su percepción y vean a los narcotraficantes de manera diferente, cuestionando quién tiene el verdadero poder e interés en mejorar la vida de los ciudadanos y poniendo en duda la auténtica cara del gobierno.

Los efectos perjudiciales de esta actividad delictiva son variados y diversos, pero todos afectan a la estructura social en su conjunto. Los daños a la salud, el impacto económico debido a los monopolios y la búsqueda de lucro a través de actividades delictivas plantean serias interrogantes, ya que socavan los derechos humanos de las víctimas involucradas en este negocio, como en el caso de la trata de personas, donde se legitima la esclavitud moderna. Si bien algunos se benefician, muchos también resultan perjudicados. Para que una persona obtenga ganancias y prestigio, a menudo debe oprimir los derechos de otros y explotarlos, y es esta dinámica social la que se critica y cuestiona.

Los medios de comunicación ejercen una influencia en la educación de las nuevas generaciones, moldeando sus preferencias y tendencias. A diario, los medios manipulan nuestra cultura y formación. Ciertamente, no todo en la cultura popular es negativo, y no todos los mexicanos perpetúan las prácticas y tradiciones vinculadas a ella.

No obstante, se puede suponer que no solo una clase social se ve afectada, sino que cualquier individuo puede ser vulnerable. El atractivo del «bienestar» económico que ofrece este estilo de vida seduce a muchos, ya que brinda beneficios a corto plazo con poco esfuerzo, lo que hace que los riesgos pasen desapercibidos o se consideren justificados. A pesar de la falta de teoría para fundamentar esta afirmación, se ha desarrollado el argumento analizando el riesgo de reclutamiento de las clases marginadas por parte de la delincuencia organizada.

Es esencial comprender que México necesita formar jóvenes con habilidades de toma de decisiones fundamentadas, capacidades intelectuales y psicológicas sólidas para enfrentar situaciones y contar con herramientas lógicas para tomar decisiones. Sin embargo, esto no es suficiente; también es necesario considerar condiciones externas apropiadas para que esto sea posible. Esto implica políticas sociales más inclusivas e integradoras, que puedan implementarse mediante la coordinación de las instituciones y su monitoreo a largo plazo para evaluar su eficacia. No obstante, somos conscientes de nuestras limitaciones. Hay mucho trabajo por hacer, incluyendo la elaboración de un plan integral que coordine las fuerzas institucionales junto con la construcción de una cultura de valores en la familia y la escuela. Sin embargo, las dinámicas de intereses en el país siguen siendo un desafío para alcanzar estos objetivos. La lucha comienza desde nuestra posición, y esperamos que esta intención social llegue a influir en la voluntad política, ya que sin esta colaboración, será difícil alcanzar las metas establecidas.

Referencias

Adorno, T. W. (2008). *Crítica de la cultura y sociedad I*. Madrid: Editorial Akal.

Amaral, J. A. (2014, 28 de junio). *No Me Jodas Alterado*. Revesonline. http://revesonline.com/no-me-jodas-alterado/

Baratta, A. (1986, 29 de septiembre). *Criminología crítica y crítica al derecho penal*. México: siglo XXI.

Barragán, D. (2013, 8 de enero). *Movimiento alterado: las polémicas «canciones enfermas» y la violencia como negocio*. Sin Embargo, pp. 30-32.

Carámbula, P. (2014, 27 de febrero). *La música: ¿Mala o buena influencia para los adolescentes?* Sanar. http://www.sanar.org/estudios/impacto-musica-sobre-adolescentes

Carrillo, E. J. (2015, 2 de agosto). *La música. Su relación con la personalidad y la identificación*. México, estado de México, México. http://www.youblisher.com/p/510169-Musica-Su-Relacion-Con-la-personalidad-y-su-identificacion/

Diverio, I. S. (2006). *La adolescencia y su interrelación con el entorno*. Madrid: Instituto de la Juventud.

Enguix, S. (2015, 19 de enero). *Estudio revela valores negativos en videoclips*. La Vanguardia.

http://www.lavanguardia.com/musica/20150119/544235 01937/estudio-revela-valores-negativos-videoclips.html#ixzz3hx5oFBgR

Estrada Pérez, C. (2012). *Comunicación y poder en la guerra contra el narcotráfico en México: una revisión del discurso presidencial (2006-2011)*. Tesis de Licenciatura, El Colegio de San Luis, A.C.

Luhmann, N. (2009). *¿Cómo es posible el orden social?* México: Editorial Herder.

Villa Guzmán, C. A., & Emmerich, N. (2013). *La política de la comunicación*. Guadalajara: Editorial Universidad de Guadalajara.